MECHANISM DESIGN

メカニズムデザインで勝つ

ミクロ経済学のビジネス活用

慶應義塾大学教授
坂井豊貴＋オークション・ラボ

日本経済新聞出版

オークション・ラボにようこそ

オークション・ラボというワークショップを定期的に開催している。開催ペースは月に一回。会場は東京都心にある、有楽町駅から徒歩一分ほどのサロンスペース「PLACE171」。株式会社デューデリ&ディールのサロンスペースだ。僕は大学で働くかたわら、この会社のチーフエコノミストとして経済学のビジネス活用を進めている。たとえば土地を売却するオークション方式を、経済学の知見を使って設計したり、理屈を整理したりしている。

僕といっしょにオークション・ラボを運営するのは、この会社の取締役の今井誠君。「君」と呼ぶのは、我われは中学と高校の同級生だからだ。写真をご覧いただくと分かると思うのだが、PLACE171は素敵な空間だ。皇居と銀座のあいだに佇むビルの高層階にあって、夜には窓一面に東京の街明かりが映る。

あるとき僕らはそこで月一回のワークショップを開くことにした。

我われは経済学をビジネスに活用しており、一定の成果をあげている。二十一世紀に入ってから、アメリカでは経済学のビジネス活用が急速に進展した。しかし依然として日本では、そのような動きは乏しい。**とくに僕たちが使っているメカニズムデザインという分野の学知は、ほとんど活用されていない。**この状況を寂しく思った我われは、自分たちの取り組みやアイデアを話したり、関心ある人たちと交流してみたいと思うようになったのだ。

その際に今井君は非営利でやろうと提案した。オークション・ラボの方針として、これで金儲けはやめようというのだ。純粋に、普段会うことのない人たちと交流してみたい。結果としてビジネスにつながることはあってもよいが、それは目的にしない。実業家の彼がそんなことを言うのは僕には意外だったが、もとより異存はなかった。

そのようにしてオークション・ラボは始まった。集客のツテはなかったし、予算がなかったので、ツイッターで告知しただけだった。ところがそれでも意外と人が来てくれて、盛り上がるようになったのだ。

来てくれる人はさまざまで、僧侶やＩＴエンジニア、官僚など、実に多様である。多様性とは素晴らしい財産で、色々な人が色々な観点から発言してくれる。僕が答えられない

質問を、たまたま会場にいたプロが整然と答えてくれたりする。人々には熱気があって、東京の夜景が綺麗で、オークション・ラボは静かに評判を呼んでいった。

この本はその集いを記録して、できる限りの空気を閉じ込めてみたものだ。経済学のどの知識が、どのサービスで使えそうなのか。我われの思考といくらかの実践とを、ここではまとめたつもりだ。読み物としてのまとまりを高めるために、内容は大幅に整理したし、言葉や説明を補っている。読書案内を付け加えもした。この本が、我われと同じように、経済学のビジネス活用に関心ある方の力になれたら嬉しい。

折しも出版が、人類が未知のウイルスに苛まれている状況と重なった。楽しい状況ではないが、知恵を絞る価値が最大限に高まっている時期ではある。その意味での楽しみ方はあるし、我われはこのような時期にこそ真価を発揮したい。書題を「メカニズムデザインで勝つ」と名付けた所以である。

かつて文化人類学者のレヴィ＝ストロースは、手持ちの端切れや部品から、困難に立ち向かう道具を作ることをブリコラージュと呼んだ。我われがここで試みるのは、そのような行いである。世にありながらも、使われなかった学知たち。そのうちのいくつかを使い尽くしてみたいと思う。失敗と成功の経験を、分かち合いたいと思う。そうして我われは、つまり僕やあなたやこのラボの参加者たちは、新しい価値を生み出していくだろう。

オークション・ラボにようこそ。

２０２０年７月10日　ＰＬＡＣＥ１７１にて

坂井　豊貴

メカニズムデザインで勝つ　目次

第1章 オークション理論をビジネスへ 17

第2章

発行コインのオークション

―仮想通貨やトークンを売るには

49

第3章

コインを売るならば
――マンション販売にも適用できないか

第4章

組み合わせて売る

第5章

マッチング

――部屋、臓器、専門家

第6章

多数決を脱して、まともな投票を

――ALISでの実用・設定編

第1章

オークション理論をビジネスへ

今井誠　はじめまして、オークション・ラボを主宰しています、今井誠といいます。今日は第1回目のオークション・ラボにお越しくださり、本当にありがとうございます。いったい人が来てくれるのか、ニーズはあるのかと心配しながら開いたのですが、小さな会場がいっぱいになりました。

この場所は我われ株式会社デューデリ&ディールのサロンスペースで、PLACE171といいます。171は、住所の有楽町1-7-1からとりました。私はこの会社の役員を務めています。

経済学のなかで急伸している分野に、オークション理論というものがあります。普段、我われはオークション理論を、不動産の売却ビジネスに活かそうといったことをやっています。経済学では珍しい、かなり本格的なビジネス活用です。

オークション・ラボでは我われの取り組みや、考えていることをお話しして、皆さんと交流できればと思っています。なんせ今日が初回でして、我われも今後オークション・ラボがどう展開していくのか分かっていません。しかしとにかく今日、皆さんとこうして集まれたことをありがたく思いますし、これからご縁をもたせていただけると幸いです。

今日のテーマは我われの得意分野であるオークションですが、今後は幅を広げるつもりです。当社で一緒に仕事をしている坂井豊貴さんをご紹介したいと思います。坂井さんはメカニズムデザインという分野の研究者で、慶應義塾大学経済学部の教授でいらっしゃいます。本や新聞、あるいはテレビなどで、坂井さんをご存知の方も多いと思います。ではよろしくお願いいたします。

坂井豊貴　皆さんはじめまして。ご紹介にあずかりました、坂井でございます。私は普段は大学で仕事をしていますが、こちらの会社ではチーフエコノミストとして事業に関わっています。とくにオークション理論の実用です。

今日はこんなに人が集まってくれるとは予想していなかったので、嬉しいのですが、やや戸惑っています。オークション・ラボは私と今井さん、そして不動産オークションの現場を取り仕切っている風間輝幸さんとで運営しています。**アメリカではオークション理論のビジネス活用は20年以上の歴史があるのですが、日本ではほぼ皆無だと思います。**我われの取り組みが非常に珍しいものであることは間違いありません。

オークション・ラボがひとつのきっかけになり、ミクロ経済学のビジネス活用が広まるとよいなと思っています。学知が使われないのはもったいないことですから。

とはいえこの場の目的は、たんに学知を紹介というのではなくて、それを通じて皆さんと交流することです。これから内容に入っていきますが、どうぞよろしくお願いします。

オークション理論を使おう

モノには色々な売り方があります。定価をつけてモノを売る、不動産でいうと指値を付けてモノを売る。あれは売る側が値段を決めて売るわけです。オークションという売り方はそうではありません。**お客様に価格競争をしてもらい、値段を決めて買ってもらう。**そのほうが値付けとしてうまくいくものがあります。我われは不動産がそうだと考えています。

ただし、すべての不動産がオークション向きというわけではありません。ある程度、人気がある不動産でないとオークションはできません。ほしがる人が2人はいてくれないと、そもそもオークションが開催できませんから。過疎地や山林はオークションに向いていません。

オークションできる場合、常識的な指値で売るより１割以上高く売れることは珍しくありません。不動産は単価が高いので、１割といっても、１億円だと１０００万円。金額としては非常に大きいです。オークションの開催にはそれなりの手間暇がかかりますが、単価が大きいので割に合うのと、我われはノウハウを蓄積しているので手間暇も節約できています。

我われはオークション理論をビジネスの実務で活かしているわけですが、こういうことは学者だけでも実務家だけでもできません。**これはもう、絶対にできないです。**不動産オークションでいうと、学者には不動産事業の知識が、実務家にはオークション理論の知識が、それぞれないからです。

これは私も実際にやって痛感したのですが、異業種の隔たりを乗り越えるのは、ほんとうに大変です。そもそも何が「オークション」なのか、言葉の使い方から両者は異なるわけです。まずは言葉の擦り合わせをせねばなりませんし、そもそも言葉の擦り合わせが必要だと気付く必要があります。信頼関係を築いて、コミュニケーションに時間を割いていという過程は大切です。

皆さんのなかにも、これから学者と組んで仕事をしてみようという人がいるかもしれません。ひとつアドバイスを申しますと、そのコミュニケーションの過程では、それなりのストレスがかかります。でも、それは当然のことですし、当然のことと知っていればストレスの量は減るはずです。

適切なコミュニケーションを経て、両者が協働できると、学知は強力にはたらいてくれます。

日本ではあまりオークション理論は知られていません。でもオークション理論は経済学のなかではそれなりに存在感があります。ここ20〜30年くらいで大きく発展していて、世界各国で使われています。

たとえば政府が周波数免許を売るときや、ＩＴ企業がネットの広告枠を売るときに、オークション理論は使われています。

なお周波数免許とは、スマホやインターネットの事業に必要な、特定の周波数帯の使用権です。テレビやラジオの放送でもその免許は必要です。これがないと事業ができません。

ネットの広告枠とは、たとえば検索サイトで「沖縄」と入力すると、検索結果とともに、旅行会社の広告が出てきますよね。あの枠です。いま企業は、テレビCMよりもネットの広告にお金をかけるようになっています。

ただ、日本政府は周波数免許をオークションではなく総務省が割り当てています。また、大手IT企業の代表格GAFAやマイクロソフトは、アメリカの企業です。だからオークション理論というものがあることが、なかなか広まらないのかもしれません。知る機会がないんですね。知らないものは使えません。**けっこう悲しい状態だと思います。**

アメリカは学知の活用に貪欲ですね。学問を尊んでいるからではなく、ビジネスに貪欲なのだろうと個人的には思っています。そこでの周波数オークションや広告枠オークションでは、博士号をもった専門家が、専門知に基づきオークション方式を設計するのが通常です。昔はそういう企業はグーグルのような大手だけでした。

でも最近は小さなスタートアップ企業でも、その手の専門家をチームに入れることが増えています。たとえば12年にノーベル経済学賞をとったスタンフォード大学のアルヴィン・ロス教授は、コヴィー・ネットワークというブロックチェーンのスタートアップ企業に参加しています。[1] ロスはミクロ経済学の実用を本格的にはじめたパイオニアのひとりです。いったい、いくら払ったらノーベル賞後のロスを雇えるのか、ちょっと私には想像できません。

今日はまず前半で、オークション理論の基礎について話します。とくに前提知識はいりません。後半ではオークションを、仮想通貨やブロックチェーンの事業と絡めた話をします。だいたい1時間くらい喋るつもりですが、途中での質問も歓迎です。質問でなくとも、喋りたくなったら遠慮なく喋ってください。

16億円のフィギュア!

我われは日々の買い物ではオークションをやりません。でも世の中では、意外とオークションはされています。たとえば卸売市場がそうですね。最近閉鎖した築地市場や、移転先の豊洲市場などです。漁師が釣った魚を、魚の仲買人にオークションで売っています。そこでの価格がいわば「土台」となって、輸送費や人件費が上乗せされて、我われがスーパーマーケットで買う切り身の値段になります。

あと、そんなに一般には知られていませんが、国債の販売もオークションです。日本は税収が足りないので、毎年30兆円とか40兆円を超す額の国債を発行しています。この莫大な金額の国債ですが、オークションで売っています。オークションを開催するのは主に財務省の理財局です。豊洲市場と同じで一般客はオークションに参加できません。参加できるのは証券会社や大手銀行といったプライマリーディーラーと呼ばれる人たちです。

国債に限らず、金融とオークションの相性はよいですね。一般投資家だと、東京証券取引所で株を売買することが多いと思います。あそこでは上場株式を、売り手がいくら、買い手がいくらと細かく価格を調整しながら売買しています。あれはダブルオークションという仕組みです。

日本は江戸時代に、大坂の堂島で、コメの先物取引市場が創設されています。これは世界初の先物市場で、ダブルオークションでの取引でした。

それではオークションの何がよいのでしょう。

現代美術家、村上隆氏のフィギュア作品「マイ・ロンサム・カウボーイ」を題材に考えてみたいと思います。この作品は２００８年に美術商サザビーズでオークションが行われ、16億円という高値が付きました。日本でも大きく報道されたので、覚えている人もいると思います。

サザビーズに限らず、美術品オークションの主催者は、出品物にエスティメイト（推定落札価格）を付けるのが通常です。「マイ・ロンサム・カウボーイ」のエスティメイトは3億〜4億円ほどだったんです。誰も16億円までいくとは思っていなかった。プロ中のプロ、サザビーズがですよ。

「マイ・ロンサム・カウボーイ」はもし10億円の指値で売られていても、すごい高値で売れたと報道されていたはずです。でもオークションのふたを開けてみると、16億円になった。もしも10億円で売っていたら、6億円をとり逃したことになります。

美術品のように世界に1つしかないもの、あるいはとても数が少ないものは、いわゆる指値を付けるのは非常に難しいのです。いわゆる相場というものが、あるようでないからです。

これは日々、市場の状態が変動する鮮魚、国債、株式だってそうです。魚なら取れ高、国債ならマクロ経済、株式なら企業の状態などが日々変動します。だからオークションでその日その瞬間の価格を見付けるわけです。

だから、かりに10億円の指値で売れると思うのだったら、10億円をスタート価格にして競り上げ式のオークションをすればよいです。最終的な価格は当然10億円以上になるはずです。

売り手には、買い手の頭の中は分かりません。両者の脳はつながっていないから。そこには情報の非対称性がある。この当たり前のことに、我われは気を付けねばなりません。うっかり客の頭の中を分かった気になって、指値を付けてはなりません。それは分からない。**だからオークションで尋ねる。オークションで尋ねて、いくらまで払うつもりがあるか教えてもらう。**それにより売り手と買い手のあいだの情報の非対称性を解消する。オークションとは情報収集の方法なのです。

色んなやり方、どれが良い？

僕はこれまで一口にオークションと喋ってきましたが、実はオークションのやり方は色々あります。

ここでは1つのものを売るオークションを考えましょう。主なやり方は、競り上げ、競り下げ、第一価格、第二価格の4つです。

このなかで、私や今井さんは競り上げ式のファンです。競り上げ式というのは皆さん想像しやすいと思います。正月にマグロの競り上げをやっているような、皆で価格をわいわい上げていくやつ。

たとえば僕が貴重な古書を売るとして、1万円からスタートします。そこから入札者は

1万500円！　1万1000円！　1万2000円！　というように価格を上げていきます。そうしていくなか、だんだん人が降りていきます。「そんなに高いんだったら要らないや」と思うからです。

やがて入札者が2人になると終盤です。どちらか一方が降りるまで、価格は上がっていきます。そうして1人が降りて、最後に残った1人が勝者となります。

次に競り下げ式ですが、これは誰も買わないような高い金額から始めるんです。たとえば古書を売るのに、100万円から始めます。まずは「100万円で買う人いますか？」と聞いて、誰もそんな人はいない。じゃあ「90万」、それでも誰もいない。じゃあ「80万」、それでもまだいない。じゃあ「70万」、というふうにどんどん下げていく。そうしてどこかの時点で「その価格なら買う」と誰かが手をあげてくれたら、それでオークションが終了です。大田花卉市場ではこのやり方で生花を売っています。

競り上げと競り下げは、どちらかというとにぎやかな印象です。一方の封印型は、もっとおとなしい印象のもの。入札者は、売られている物への入札額を紙に書きます。その紙を封筒に入れて、鍵のかかった入札箱に入れます。選挙の投票みたいですよね。入札は、入札期間中のいつでもかまいません。競り上げや競り下げと違って、入札者たちは同じ時間に一か所に集まる必要はありません。

入札期間が終わったら、オークションの主催者は箱を開けます。そして入札用紙を確認して、いちばん高い価格を書いた人を勝者とします。これが封印型です。そしてこのとき、勝者にいくら払ってもらうかが考えものなのです。第一価格と第二価格という、２つのやり方があります。

意思決定をカンタンに

勝者が自分の書いた入札額を支払うのが第一価格方式です。これはまあ当たり前のやり方ですよね。裁判所の競売は通常、第一価格方式です。ところが第一価格方式は必ずしもよいやり方ではありません。

当たり前ですが、これだと、できるだけ低い金額で勝つのが得なんですね。だから皆できるだけ低い入札額で、ギリギリの金額で勝とうとする。理想はライバルより１円だけ高い金額で勝者になることとです。

ということは、入札者は入札する金額を決めるのが難しいんです。買いたい、でも、できるだけ安く買いたい。そのために、ライバルより１円だけ高い金額を付けたい。そんなことを、自分もライバルも考えているわけです。この状況はものすごく複雑です。

第一価格方式のもとでは、人々の入札行動は予想に大きく依存します。相手の入札額を予想して、それよりわずかに高い金額を書こうとする。でも相手の入札額なんて分かりません。他人は自分じゃないわけですから。だからこのオークションの結果は運任せになりやすいんです。ギャンブル的ですね。

これは売る側としても、残念な事態になりやすいんです。だって一番高く払ってよいと思っていた人が、「他の連中の入札額はとても低い」と予想して、低い入札額を付けるようなことが起こるから。売り手としては、上客に売り損ねるというようなことが起こるわけです。これは、その上客にとっても損ですよ。自分が負けた結果を見て「ああ、自分はもっと高く払ってもよかったのに」ということになるから。売り手にも買い手にもアンハッピーです。

A　定価が一応あるけど、それがだんだん下がっていくのはオークションなんですか？

坂井　不動産で多いですよね。広告に物件を載せたが売れなかったので、価格を下げる。そして再度広告を出したけど、まだ売れないので、さらに価格を下げるというような。

あれはだんだん価格を下げていって、最初に「その価格で買う」と言った人に売る仕組みになっているわけです。やたらと時間をかけた競り下げ式オークションみたいなものですね。でもこれはオークションとは呼べない。**だらだら値下げを続けているだけ。オークションの一つの特徴は、ほしい人に集まってもらい、迅速に売買を成立させることです。**値下げして広告を打って、売れなくてまた値下げして広告を打って、では時間コストが高すぎます。

B　閉店まぎわのスーパーのお惣菜はどうでしょう。

坂井　ああ、惣菜が夕方は1割引だけど、だんだん3割引き、5割引きになるみたいな。お寿司とか半額になると嬉しいですよね（笑）。あれも競り下げ式オークションではないけれど、似てはいますね。どの段階で買ったらお得なのか、よく分からないですよね。あんまり待つと、先に他の人に買われてしまう。

実は競り下げ式は、第一価格方式と似ています。第一価格方式は「ライバルより少しだけ高く入札するのがトク」です。競り下げ式は「ライバルより少しだけ早く買うのがトク」。見かけは違うけれど、客が直面する意思決定の問題は同じようなものです。

余計なことはしなくていい

基本的に僕はオークションを開催する側からものを見ます。第一価格方式は場が荒れやすいです。もし同じものを定期的に売るとしたら、できるだけ売上が安定しているほうが嬉しいですが、そうなりにくい。

それを改善するやり方はあるかというと、第二価格方式です。これは第一価格方式と同じく、入札者は紙に入札額を書いて、主催者に提出します。入札の期間が終わると、主催者は入札額を確認して、一番高い入札額を付けた人を勝者にする。

ただし第二価格方式は、勝者の支払う金額が、2番目に高い入札額金額になります。一番高い入札額が100で、二番目に高い入札額が70だとすると、100の人が勝者となって、70支払う。勝者は、自分が付けた（一番高い）入札額でなく、次点の入札額を支払うのがポイントです。

これの何がいいのかというと、場が荒れにくくなる。第一価格方式だったら、100を付けた勝者は「もっと低い入札額にしておけばよかった」と思うわけです。次点入札額が70ですから、たとえば71とかね。もちろんこれは事後的な後悔なわけですが。

しかし第二価格方式だと、自分の入札額が71だろうが100だろうが、支払額は次点である70です。つまり勝者の支払額が、自分の入札額では決まらないわけです。だからヘン

図表1-1 第一価格方式と第二価格方式

●Aは勝者になって100支払う

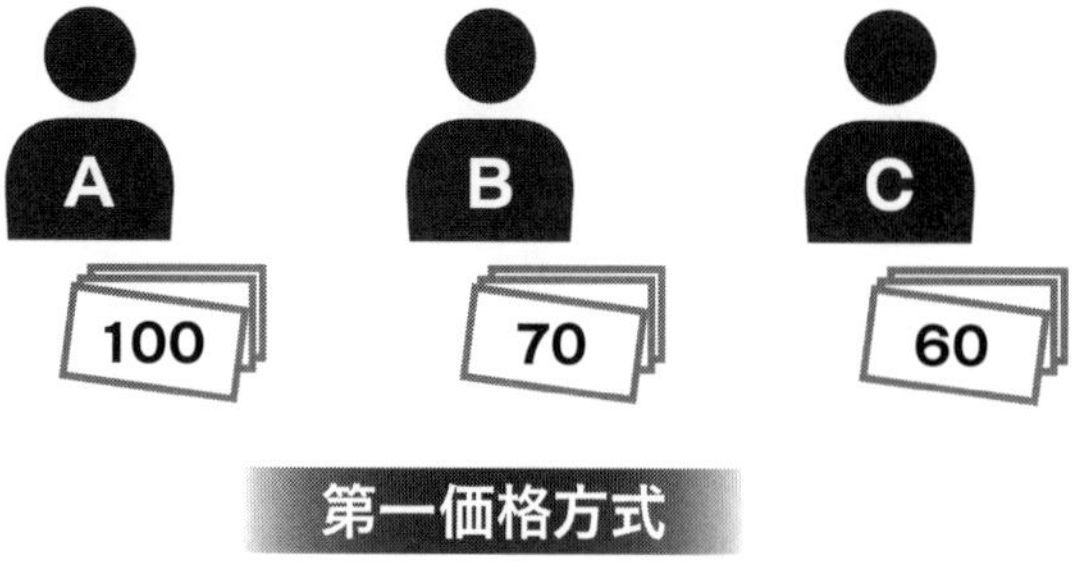

●Aは勝者になって70支払う

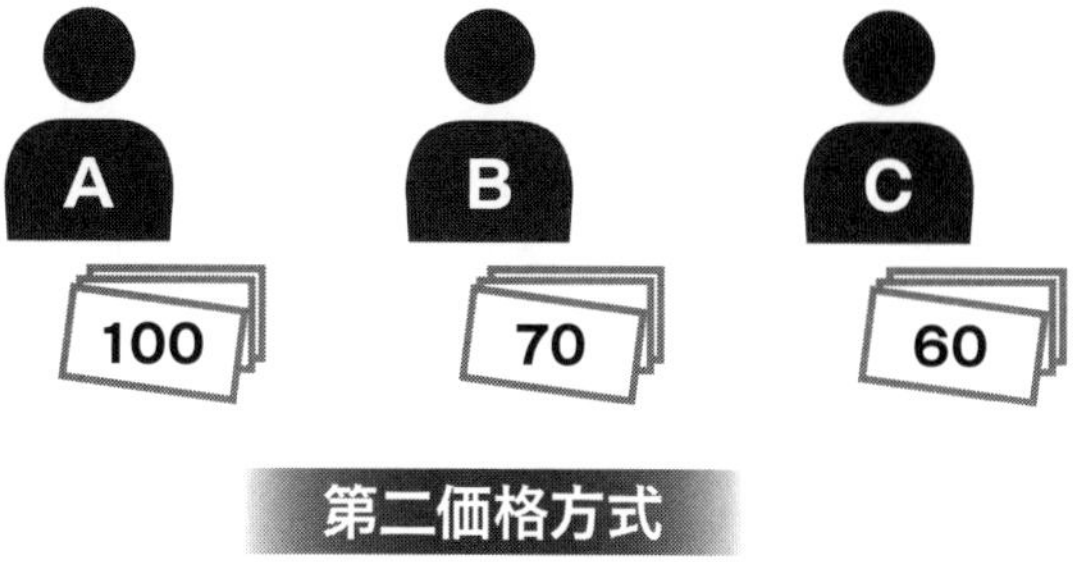

に安い入札をする必要がない。単純に、「この金額までなら支払ってよい」と思える上限——**評価値**と呼びましょう——を入札額にすればいいんです。

●第二価格方式のもとだと、評価値より高い入札をするのは損です。だってその金額よりは払いたくないんだから。

●第二価格方式のもとだと、評価値より低い入札をするのも損です。そんなことをしても勝つときの支払額は下がらないし、勝ちにくくなるだけだから。

第一価格方式と第二価格方式は似ているようで、おそろしく違うんです。それら方式のもとでの人々の意思決定は、まるで別物になる。制度設計が重要なゆえんですね。

第二価格方式だと、ほかの人たちがどのような入札をしようが、自分は正直に評価値を入札するのが得になっています。ライバルの入札額を予想する必要はない。余計なことを考えなくていいからラクです。第二価格方式のこのような性質を**耐戦略性**といいます。

耐戦略性は、英語だとストラテジー・プルーフネス（strategy-proofness）といいます。防水の時計はウォーター・プルーフ（water proof）といいますよね。プルーフは「防ぐ」という意味。余計な戦略的行動を防ぐのが、ストラテジー・プルーフネス。

メカニズムデザインでは耐戦略性を満たすことが、よく設計の目標になります。耐戦略性が満たされていると、プレイヤーの行動がギャンブル的でなくなるので、場が荒れません。

第二価格で安値になるか？

「第二価格方式だと第一価格方式より安くなるでしょう、だったら売る側としては損なんじゃないの」といったことを、ときどき言われます。でもそうとは限りません。

そもそも第一価格方式のもとでは、人々は自分の評価値よりも、低い入札額を付けます。だってギリギリ低い金額で勝ったほうがトクなわけだから。ところが第二価格方式だと、自分の評価値をそのまま入札額にすればよい。だから第一価格方式のもとで集まる入札額は、第二価格方式のもとでのそれより低いわけです。低い入札額のなかでの「一番高い金額」と、高い入札額のなかでの「二番に高い金額」のどちらが高いかは一概には分かりません。

C 転売を考えてオークションに参加する人がいる場合は、どうなのでしょう。たとえば国債のオークションだと、それを買う証券会社や銀行は、あとで一般の顧客に売ったりしますよね。また、一般人でも、オークションで買ったものを、メルカリで売ったりします。そういう場合って、第二価格方式で自分の評価値を正直に入札することは、得になるのでしょうか。

坂井　結論からいうとイエスです。自分の評価値がどういう理由で形成されていようとも、先ほどの議論の理屈は成り立つからです。あとで転売するつもりでオークションに参加する人の評価値は、たとえば転売価格の期待値になるのでしょうね。そうして形成された評価値を、正直に入札するのが得になります。

ハンパな知識はケガのもと

おそらくここ20年以内くらいに経済学部を出た人以外は、第二価格方式はご存知なかったと思います。最近の経済学部だと当たり前に教えるのですが、まだまだマイナーなんです。

ところがこのマイナーな第二価格方式が実は、非常にメジャーな方式である競り上げ式と、ある意味で近いのです。

たとえば入札者Aの評価値が100、Bの評価値が70とします。

第二価格方式だと、AもBも評価値をそのまま入札額にします。つまりAの入札額は100、Bの入札額は70です。結果は、Aが勝者になって、70支払う。

これが競り上げ式だとどうなるか。低いスタート価格から競り上げていって、70まではどちらも降りません。ところが価格が70になると、Bの様子が変わります。それ以上は支払いたくないから、そこで降りる。だから価格が70のときにオークションは終了。Aが勝者になって、売り手に70支払います。第二価格方式と同じ結果になるわけです。

こうした関係を知ると「やはりオークション方式ってよく考えないと分からないな」と思っていただけるのではと思います。思い付きで方式を選んではいけません。

そして、いまの議論だけで「第二価格方式と競り上げ式は、どちらを使ってもよいのだ」と結論付けるのは早計なのです。**学問の難しいところは、半端な知識で用いると怪我をすることです。半可通はいちばん怖いです。**

標準モデルは大事

第二価格方式と競り上げ式は同じ結果を生む、というのはきれいな標準モデルの世界での話です。現実の世界にそのまま適用してはならない。**標準モデルが間違っているからではありません。**標準モデルでは考慮されていなかった要素が現実の世界にはあるからです。つまり「現実＝標準モデル＋別の要素」というわけですね。**こうやって現実を分解して、物事を整理して理解できるようになるのが標準モデルの役割です。**

そうした要素の例のひとつは、ヒートアップという現象です。先ほどの例でいうと、Bは勝ちたいあまりヒートアップして、競り上げの価格が70を超えてもなお、降りないかもしれません。そうすると当然、価格は上がり続けます。

我われが行う土地のオークションでも、これはヒートアップかなというものは、たまにあります。やはり人間には、「買いたい」だけでなく、「勝ちたい」もあるんですね。ときには損をしてでも勝ちたい。

一方、第二価格方式だとヒートアップは起きにくいです。そもそも封印型なので、入札の時期はバラバラですし、相手の様子を見て競り上げるといったことができません。

D ヒートアップする人はそんなに多いのですか。それはよくあることというか、何か実験の確証はあるのでしょうか。

坂井 最近の経済学は実験をよくやるんです。被験者を何十人も集めて、オークションを模した状況をオンライン上に作って、そこで入札してもらいます。

そのときは設定として、たとえば被験者に「あなたの評価値は1000円」というふうに設定するんですね。もちろん被験者はそれを知らされますし、オークション実験でのその人の成果に連動して、報酬が支払われます。その人は1001円以上で競り落としたら絶対に損をするんです。それでも1100円くらいの入札をする人は現れます。研究にもよりますが、だいたい10～15%くらいの入札者は、そのように過剰な入札をするようです。[2]

D 坂井さんから見てそれは意外ですか。

坂井 意外です。僕はまず標準モデルでものを考えるクセがありますから。標準から逸脱した行動には、まずは「意外だなあ」と思います。ヒートアップという現象は、標準モデルにはない。あえていうならそれは、行動経済学の領域にあります。僕はオークションの研究を始めてから、行動経済学の重要さを強く意識するようになりました。

D　そういう入札者の行動を、理解できるというか、共感できますか？

坂井　うーん、ものによりますね。アツくなって過大な入札をする、というのは分かるんです。僕にもそういう面はあるから。株や仮想通貨のトレードでアツくなるとロクなことがない（笑）。

ただ、実験をしていると、オークションの仕組みを理解していないのに理解したつもりになって、本当は損なのに過大な入札をするような人を見ます。それはアツくなっているのとは違って、理解していないというか、何か別のものを固く信じている様子なのです。あれはあれで冷静なんですよね。

D　坂井さんから見て、そういう人は理解できるというか、どんな風に思われますか。

坂井　うーん、僕はそういう人には、あんまり共感できない（笑）。絶対に損な行動なのに冷静にそれを選んでしまう人って、詐欺やカルトの被害に遭いやすいのではないかな。

ただ、そういう人は一定の割合でいるので、その事実自体は尊重せねばなりません。すみません、ちょっと話が逸れました。

E　アートのオークションでいうと、多くの人には馴染みがなくて、参加がしにくいです。そういうものは、まだ封印型のほうが参加しやすいように思ったのですが、どうなのでしょう。競り上げ式のように、あまりヒートアップが起こるとやりにくいように思います。

坂井　うーん、どうでしょうね。やりにくいというほどのヒートアップは、そう起こるわけではなさそうです。これはあくまで印象ですが、ヒートアップが起こったとして、せいぜい価格の上昇は5％くらいではないかな。

あとですね、**オークションに不慣れな人こそ、競り上げ式のほうが参加しやすいです。初心者フレンドリー**。というのは競り上げの途中で他人の入札の様子を見て、自分の入札を決めたり変えたりといったアップデートができるから。「その商品への自分の評価値は、最初は7だったが、相手が7でも降りないのを見て8に修正した」といったようにです。

ヒートアップは冷静さを欠いた行動ですが、アップデートは冷静に評価値を更新するものです。**他の人が高値でもほしがっていること自体が、商品の価値の高さの証になるわけですね。**

というわけで、ヒートアップやアップデートを考えると、やはり競り上げ式のほうが高く売れやすいです。実験の結果を見ても、競り上げ式のほうが第二価格方式よりも高い価格になるというのは、かなり頑健な結果です。

ブロックチェーン上のオークション

坂井　ビットコインがブロックチェーン技術で設計されている、というのは皆さん聞いたことがあると思います。ブロックチェーン技術でできることをざっくりいうと、記録を付けること、その記録に基づいて契約を実行することです。ビットコインでいうと「財布Aから財布Bに1ビットコインの送金がなされた」のように記録を付けること、そして実際にその移転を強制的にコードで実行することです。

ブロックチェーン上で所有者を記録して、オークションの結果が、強制的に実行される仕組みがあれば便利なんです。というのはオークションで結果が出たら、コードがそれを即座に実行してしまうんですね。だから結果が出た後で、オークションの勝者が「やはり買いたくない」とゴネたり、お金を支払わなかったり、といった事態が起こらない。オークションとブロックチェーン技術は相性がよいのです。なお、このように契約を強制実行する仕組みを**スマートコントラクト**といいます。

スマートコントラクトのプラットフォームを設計する財団に、イーサリアムがあります。この創立者がヴィタリク・ブテリンで、1994年生まれの若者です。ロシア生まれで、幼少時に家族でカナダに移住して、特別な才能をもつギフテッドとして育った人です。ビットコインに魅せられて、イーサリアムを2014年に創業しました。

ヴィタリクの講演スライドに書かれていた「Blockchain and Smart Contract Mechanism Design Challenges」の話をしたいと思います。[3]

ヴィタリクはこのなかで第二価格方式について論じていますが、そこで彼が懸念しているのが、1人が複数のアカウントを使う**フェイク入札**です。匿名性の高いオンライン環境では、1人がたくさんの名義を使って入札するかもしれない。そして入札終了後に、入札の多くを撤回するかもしれない。撤回ではなくとも、お金の支払いに応じないとか、姿を消すとか。本当は入札の時点でお金のロックアップができればいいんでしょうけどね。

で、これについて思うんですが、各人が1つしか名義をもてなくするために本人確認はできないのでしょうか。どなたかお分かりでしょうか？

F　ブロックチェーンのレイヤーでは本人確認はできないと思います。やるなら、その上に乗った、アプリケーションのレイヤーでやることになるはずです。

坂井　なるほど、ありがとうございます。ブロックチェーンのレイヤーは、匿名性が高いのですね。ヴィタリクは、入札にデポジットを付けて、一人がたくさんの名義を使いにくくするといった案を議論しています。

フェイク入札させせちまえ

坂井　私はそんなにフェイク入札は気にしなくてよいと考えているのです。フェイク入札させせちまえと。第二価格オークションの場合、入札の撤回が起こっても、それは結果に影響を与えないはずです。

たとえばAの評価値は10で、Bの評価値は7とします。Aは10より大きい数を入札しても、得なケースはないです。だからそれは無視。

そこでAが、10以下の数字「0、1、2、3、4、5、6、7、8、9、10」をすべて別々のフェイクアカウントから入札することにしましょう。

Bは素直に7だけを入札するとします。

このときの結果は、Aの「10」が勝者となって、二番目に高い「9」が価格となります。Aはその価格を下げるため「9」を撤回、さらに下げるため「8」を撤回、とやるのが合理的です。すると第二価格は、「7」になります。これはAがフェイク入札をしないときの結果と同じです。

G　ヴィタリクは、オークション運営者の不正行為を気にかけているのではないでしょうか。かりにAが10、Bが7の入札をしたとして、運営者がAに「二番目に高い入札額は9でした」と言うような。運営者がそういう嘘をつかないことを、どう信頼するか。

坂井　難しいですね。その信頼の問題は、ブロックチェーンに限らず、第二価格方式には常につきまといます。要するに、運営者がする悪さ、あれ、何て言うんだったっけ。

H　shill bidding。

坂井　あ、それです。**よくそんな専門的というか、マニアックな言葉をご存知ですね。**

第一価格方式だと勝者は自分の入札額をそのまま支払うので、shill biddingは起こらないですね。運営者を信頼しなくてよい、トラストレス（信頼不要）だということです。[4] でも第二価格方式だと、shill biddingへの懸念は完全には拭えません。

うーん、僕は耐戦略性を重視するので第二価格方式をよいと言いがちなのですが、トラストレスという観点からは、第一価格方式のほうがよいのでしょうね。なかなか普段トラストレスをオークションで考える習慣がないので、なるほどなあと思います。

ヴィタリクは入札するときにお金を預託するデポジットについて、いくつかアイデアを出しています。ただしどのアイデアもまだ粗々なので、誰か厳密に議論してほしいというようにスライドに書いています。いま解決を待たれている問題というわけですね。ブロックチェーン周りには、オークションの研究者が関心をもつ問題がたくさん転がっています。

予定どおりというか、そろそろ時間がちょうどよいので、ここで話を止めようと思います。

今井　会場は21時くらいまで開けていますので、お時間のある方はご歓談していってください。後ろにコーヒーを用意しています。第1回目のオークション・ラボ、開催前はどうなるかと思っていましたが盛況になりました。ありがとうございます。記念写真を撮りたいので、写ってよい方だけ、前にお越しいただけると幸いです。今日は本当にありがとうございました。

〈拍　手〉

---

1 "New Weapon for Blockchain Startups: Nobel Prize-Winning Brains" by Eddie van der Walt and Agnieszka de Sousa, in Bloomberg, September 27, 2018 https://www.bloomberg.com/news/articles/2018-09-26/new-must-have-for-blockchain-startups-economics-nobel-winners

2 Malmendier, U. and Young, H. L. (2011) "The Bidder's Curse" *American Economic Review*, Vol. 101, No. 2.

3 https://fc17.ifca.ai/wtsc/Vitalik%20Malta.pdf

4 Akbarpour, M. and Li, S. (2020) "Credible Auctions: A Trilemma" forthcoming in *Econometrica*.

第2章

発行コインのオークション

――仮想通貨やトークンを売るには

今井　定刻になりましたので、オークション・ラボを始めたいと思います。私たちは普段、オークション理論を現実の不動産オークションに活用する、といったことをやっています。今日のテーマもオークションです。

最近は日々、商品の価格を変えるダイナミック・プライシングが社会で普及してきています。週末は高くなるホテル、ハイシーズンは高くなる航空券、ライバル店の値付けに応じて価格を変える家電の量販店などはその例です。価格がいつも一定ではないんですね。オークションも価格を一定としない売り方です。ダイナミック・プライシングの普及にともない、オークションが受け入れられる素地が整ってきているように感じています。

それでは坂井さん、よろしくお願いします。

坂井　ご紹介ありがとうございます。たしかにそうですよね。オークションは「第一種価格差別」という、ある種のダイナミック・プライシングの仕組みなのだと思います。人々がいくらまでなら払ってよいかに応じて、商品の価格を変えるダイナミック・プライシングですね。

さて、今日はじめてお目にかかる方も多くいらっしゃると思います。僕は大学で働くかたわら、ここの会社で不動産オークションの実務に携わっています。今井さんたちと、経済学とビジネスの接合にコミットしています。

学者だけでも、実務家だけでも学問は実務に使えない、というのが我われの偽らざる感覚です。しかし両者がうまく協業できると、学問は非常に有用です。学問は定義上、再現性があるのが強みです。理屈があってうまくいったことは、次もその理屈を使うとうまくいくからです。

今日のタイトルは「発行コインのオークション」。ここでコインとは、仮想通貨やコミュニティ内のトークンなどを意図しています。昨今はブロックチェーン技術の発展で、コインの発行が容易になりました。僕はコインを発行する予定はありませんが、発行するなら、それをどう売ればよいだろうといった話をします。

皆さんの中で今後コインを発行する予定がある方は、今日の知識を役立ててくださったら嬉しいです。

市場を区別せよ

コインに限らず、金融商品の発行においては、**プライマリー市場**と**セカンダリー市場**の区別が重要です。たとえば僕がコインを発行するとして、最初は僕だけが持っているわけです。僕がそれを初めて世に出すマーケットがプライマリー市場。その後の転売市場がセカンダリー市場。

魚でいうと、豊洲市場はプライマリー市場です。釣られた魚が初めて出る市場ですね。そこで魚を買った仲買人から、魚はスーパーマーケットの魚売り場に届きます。我われが魚を買うスーパーマーケットはセカンダリー市場です。

国債でいうと、まず政府が銀行や証券会社に国債を売るのがプライマリー市場です。一般的に、プライマリー市場にはオークションが向いています。なんせ初めて市場に出るわけだから、いわゆる相場の値段のようなものがないからです。

プライマリー市場なのにオークションしない例は何があるかというと、株式会社が上場するときのＩＰＯ（Initial Public Offering　新規株式公開）がそうです。会社を育てた創業者（や出資者）は株をもっている。それを上場させるときは証券会社に頼みますが、通常、証券会社はその株をオークションしてくれません。会社の価値を算定して、「おたくの株はこの値段で」と決めます。

図表2-1 プライマリー市場とセカンダリー市場

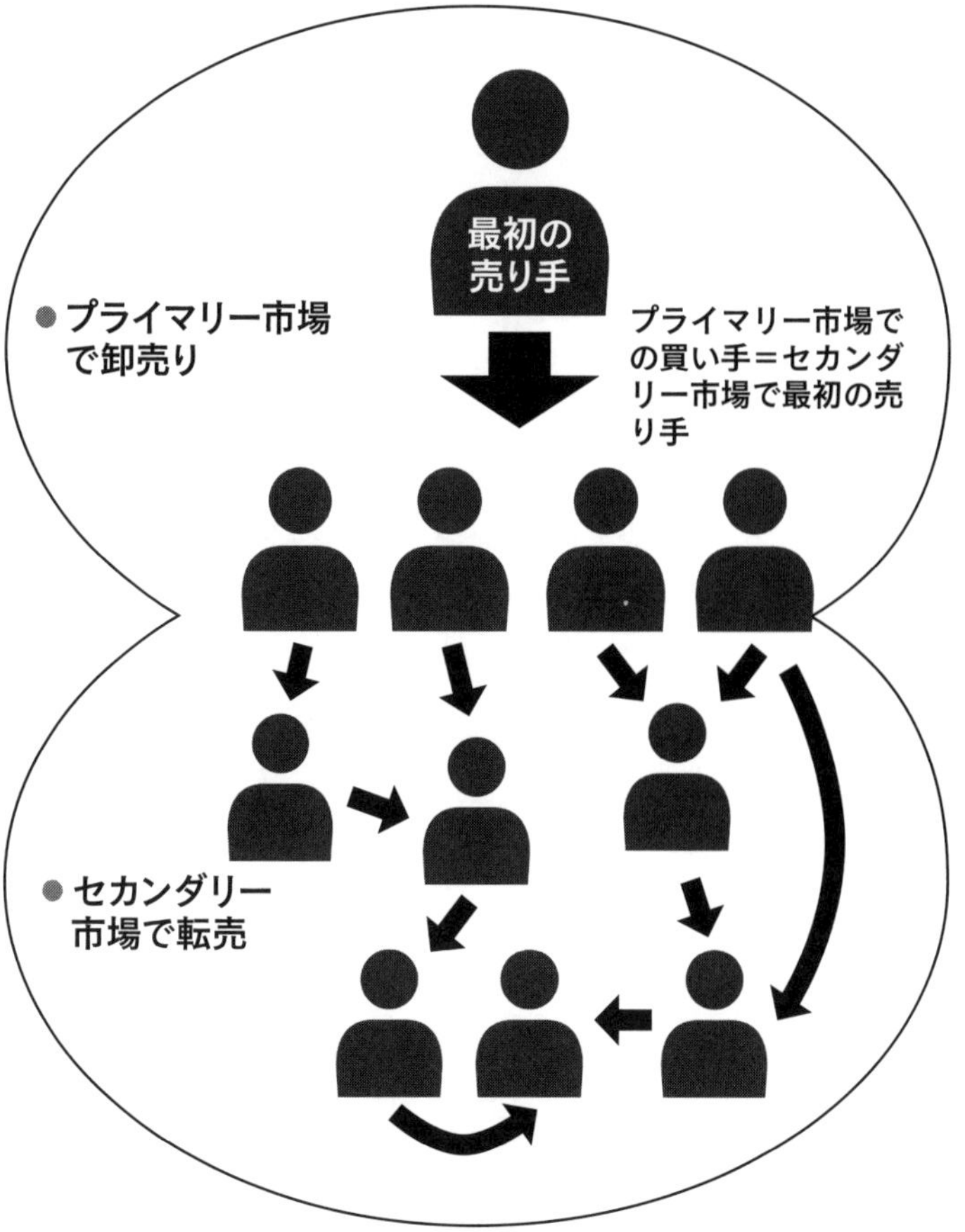

そして証券会社はその株を、定価販売で顧客に売ります。その顧客が上場後に証券市場で株を売るわけですが、このとき付く初値は、証券会社の値決めよりも高くなるのが通常です。要するに証券会社は、過度に安い値決めをしているわけですね。だから上場する株は大人気なことが多いです。[5] **これで損をしているのは創業者（や上場前の出資者など）です。安く買い叩かれているわけで、あれは実にアンフェアです。**

誰か証券会社の人、ＩＰＯのオークション設計をしたくなったら、僕に声をかけてください。というか、僕は証券会社がほしいですね。お金がいっぱいあったら買うんですけどね（会場笑）。

さて、セカンダリー市場がオークション向きかどうかは、ものによります。株式のように日々価値が変わるものは、オークションが向いています。東京証券取引所をはじめ、株の取引所はザラ場というオークション方式を採用しています。

スーパーマーケットで魚をオークションしないのは、魚はオークションしている間に腐るのと、単価が安いからですね。オークションすること自体のコストが高いわけです。

一方、美術品は腐りませんし、それなりに高価なものも多いのでオークション向きです。サザビーズとかクリスティーズのオークションは、大抵がセカンダリーです。また美術品は、何枚でも刷れる版画を除くと、大抵は世界に1つの商品ですからオークションに向いています。

国債を売る

コインを売る問題は国債オークションが非常に参考になります。皆さんニュースで国債を耳にすることはあると思います。あれはどういう商品でしょうか。国債はよく日本政府の借金といわれますが、借金とは意味であって、商品の内容ではないですね。

簡単な例として、満期が1年で券面が1万円の国債を考えてみましょう。

この国債とは、要するに「1年後に日本政府から1万円を受け取る権利」です。買う側から見ると、この権利をいま何円で買うかが問題になります。いま日本国政府にX円のお金を払うと、1年後に日本国政府が自分に1万円くれるわけです。

国債の保有にはリスクが伴います。もしかすると政府は1年後に1万円払う約束を守らないかもしれない。もしかすると宇宙人が地球を襲来して、人類は滅亡しているかもしれない。あるいはこの1年のあいだに、自分の資金繰りが急に悪化するかもしれない。インフレが起こり、1万円の価値が激減しているかもしれません。

ですから通常、人はこの国債に1万円以上は払おうとしません。つまり、

$$X<10{,}000$$

というわけです。X円で国債を買って、無事に政府から1万円を受け取ったときの利益は10,000－X円です。

つまり、買値1円あたりの利益は $\frac{10000-X}{X}$ です。これが金利にあたります。

A　それが金利とは？

坂井　数値を入れてみますね。X＝8000としましょう。いま政府に8000円払うと、1年後に1万円もらえる。これは8000円を金利25％で貸して、1万円になるということですね。さっきの式に当てはめると

$$r=\frac{10000-8000}{8000}=\frac{2}{8}=0.25$$

です。ね、金利でしょう。なんだか経済学部の授業みたいになってきた。

A　買値Xが高くなると、金利rは下がるのですか。

坂井　ご明察です。たとえばX＝9000とすると

$$r = \frac{10000 - 9000}{9000} = \frac{1}{9} = 0.111\ldots$$

となります。9000円が1万円になるとは、金利は約11％ということです。

国債を売る側は、高値で売りたいです。高値で売る＝低金利ですね。安い金利でお金を借りるということ。この知識は日経新聞を読むときなんかに役立ちます。財政や金融を理解するうえで大切なのですが、たぶん市井の人はそんなに知らないと思います。

いま日本は低金利政策を採っています。

あれはまず政府が国債をプライマリー市場にて、オークションで売ります。客はメガバンクや証券会社です。[6]

メガバンクや証券会社はセカンダリー市場で国債を売ります。いまは日本銀行がセカン

ダリー市場に巨大なプレイヤーとして入っていて、吸い込むように国債を買っています。なんせ日銀がセカンダリー市場で買ってくれるので、国債はプライマリー市場で人気になります。人気になるとは、高値が付く、つまり低金利になる、ということです。政府は安い金利でお金を借りられるわけですね。

国債オークションを開催するのは、主に財務省理財局です。日本の一般会計は例年、30兆~40兆円くらいは税収が足りません。これを国債でまかなうので、国債オークションの市場規模は巨大です。

国債は1億円単位で販売されるのが通常です。かりに1兆円分の国債を一回のオークションで売ろうとするなら、1億円の束を1万個売るわけです。同じものをたくさん売る、複数同質財オークションといいます。これには専用のオークション設計が必要です。

今日はこれから複数同質財オークションで、封印型のオークション方式について扱います。それぞれの入札者が紙に入札額を書いて、厳封して提出するスタイルのオークション方式です。入札者たちが集まって一気にやる競り上げ式や競り下げ式などは、今日は扱いません。

どのやり方がいいの？

売るものが1万個もあると説明に不便なので、2個でお話しします。いま入札者が3人、佐藤さん、田中さん、渡辺さんがいるとします。

佐藤は「10、7」と入札しています。これは10円で1個買いたい、7円で1個買いたいという意味です。田中は「8、8」で、これは8円で2個買いたいという意味。渡辺は「12、9」だとします。この入札の状況をまとめたのが図表2-2です。

売り手は6個ある入札額のうち、上から2個に財を割り当てます。それらが勝ちビッド。他が負けビッドです（図表2-3）。

支払う金額のルールには、主だったものがいくつかあります（図表2-4）。

いちばん単純なのは**ビッド支払い方式**で、入札額をそのまま価格にします。日本国債の販売は、ほぼ全てこれでなされています。渡辺が12円払って、佐藤が10円払います。書いた金額をそのまま支払わされます。単一財オークションのときの第一価格方式と同じで、「ライバルより1円だけ高い入札をしたい」と入札者は思います。だから第一価格オークションの欠点を軒並み引き継ぎます。運任せの度合いが高まり、オークションのギャンブル性は上がります。

均一価格方式もよく使われます。日本国債のごく一部が、そのやり方で売られていま

図表2-2 入札の状況

入札額	佐藤	田中	渡辺
12円			1個
11円			
10円	1個		
9円			1個
8円		2個	
7円	1個		
支払額			

図表2-3 勝ちビッドとなる上位2個にマルを付けた

入札額	佐藤	田中	渡辺
12円			○1個
11円			
10円	○1個		
9円			1個
8円		2個	
7円	1個		
支払額			

す。具体的には償還期限が非常に長い40年ものですとか、物価連動国債ですね。これは価格を勝ちビッド「12、10」のうち、低いほうにします。つまり10ですね。渡辺は10支払い、佐藤も10支払います。一物一価ですね。

ついでにもう1つ。**次点価格方式**は、負けビッドのなかでいちばん高い入札額、ここだと9を価格にします。これは均一価格方式とあまり変わりません。いずれも入札者が安心して高値を付けられるというのがメリットです。

ラブリーだけどロンリー

次点価格方式は第二価格方式と似ていますが、これは第二価格方式と異なり耐戦略性を満たしません。耐戦略性とは「いくらまで払ってよいかを正直に入札するのが得」という性質ですね。

この例でいうと渡辺は、負けビッドとなった9円を、たとえば8円にしていれば、その金額を支払額にできます。つまり正直でない入札で、支払額を下げられるわけです。だから次点価格方式は、耐戦略性を満たさない。正直でないから倫理的にダメといいたいわけではは全くありません。**ただ、正直が得な仕組みだと入札者の意思決定コストが劇的に下が**

図表2-4 さまざまな方式での支払額

入札額	佐藤	田中	渡辺
12円			○1個
11円			
10円	○1個		
9円			1個
8円		2個	
7円	1個		
ビッド支払い方式での支払額	10円		12円
均一価格方式での支払額	10円		10円
次点価格方式での支払額	9円		9円

って親切です。

耐戦略性を満たすオークション方式は、同質複数財オークションにおいてはどんなものがあるのでしょう。これはウィリアム・ヴィックリーというオークション理論の創始者が、１９６１年の論文で定義を与えています。[7] ヴィックリーは１９９６年にノーベル経済学賞を受賞しています。

余談ですが、ノーベル賞をもらうためには、発表時に生きていなければいけません。死んでしまったらノーベル賞をもらえないんです。ヴィックリーは高齢になって受賞が決まって、発表の3日後に亡くなりました。ヴィックリーが間に合ったというより、ノーベル財団が間に合ったというべきでしょうね。私のようなオークション理論の研究者としては、分野の創始者がノーベル賞をもらえたことは嬉しいですし、学問の発展にもプラスです。

余談ですが、皆さん「シャウプ勧告」って覚えていますか？

（会場には首をかしげる人と、うなずく人が半々ほど）

忘れた方もいらっしゃると思いますが、きっと皆さん、高校生のとき日本史の授業で習ったはずです。戦後の日本に、直接税を中心とする税体系を提案した勧告です。シャウプ勧告団はメンバーが7人いるのですが、ヴィックリーはそのうちの1人です。財政の専門家でもあるわけですね。20世紀を代表する偉大な経済学者の1人です。

そのヴィックリーによる、**ヴィックリー方式**が図表2-5です。価格付けのやり方がこれまで話したものと随分違っていて、おそらくヴィックリーでないと思いつかないような定義です。

渡辺は、自分以外の負けビッドのなかで、いちばん高い金額を支払わされます。ここだと田中の8円がそうです。佐藤も、自分以外の負けビッドのなかで、いちばん高い金額を支払わされます。ここだと渡辺の9円がそうです。一物一価にはなりません。この方式だと、どの入札者も自分の支払額を自分で上下できませんから、耐戦略性が満たされます。

ヴィックリー方式は理論的には性能がよいのですが、たぶん実用されたことはありません。主催者側の収入が低くなりそうだからでしょうね。だからヴィックリー方式はlovely but lonelyだと言われます。[8] 学問的にはラブリーなんだけど、だれも使わないからロンリー。

売る側から見て、複数同質財のオークションはどの方式がよいのでしょう。この話は複数同質財オークションで競り上げ式を扱う、次回に持ち越したいと思います。

図表2-5　ヴィックリー方式での支払額は、他人の負けビッドのなかでの最高額になる

入札額	佐藤	田中	渡辺
12円			○1個
11円			
10円	○1個		
9円			1個
8円		2個	
7円	1個		
ヴィックリー方式での支払額	9円		8円

不動産オークションで大事なこと

さて、学問だけ知っていても実務はできないです。たとえば僕はさっきの例で佐藤さんとか渡辺さんとか言っていますが、そもそも入札者を誰にするかという問題があります。ヤフオクのように不特定多数の入札者とするのか、それともサザビーズのように会員に絞って特定少数にするのかとか。

学問だけやっていると、人数は多いほうがよい、だから不特定多数にしよう、と言いたくなるんです。だって人数が増えたら、その分、確率的には高値になりやすいから。でも、デューデリ&ディールの不動産オークションでは、特定少数の入札者に絞ってオークションしています。こうした話を交えつつ、今日はここから風間さんにバトンをお渡しして、オークション実務の話をうかがいたいと思います。

デューデリ&ディール風間輝幸　こんばんは。デューデリ&ディールの風間と申します。私はふだんこの場所で仕事をしています。紆余曲折はあるのですが、不動産のオークションは10年くらいやっています。

土地を売ろうと思ったとき、大体いくらで売れるのか知りたかったら、不動産の仲介会社に査定を頼むのが通常です。我われも真面目に査定はやります。でも査定は査定でして、実際にいくらで売れるかは分かりません。結局、査定の金額とは、この価格で売れるかもしれませんね、という期待の価格でしかありません。

複数の仲介会社に査定を頼んだ売主さんは、査定の金額をいちばん高く出した会社に依頼しがちです。でも、高く査定を付けたとは、いちばん甘い見込みの金額を付けたというだけです。そのせいで何カ月も売れ残って、その後に値下げすることも珍しくありません。値付けは難しいのです。

だから売る側が値付けするのではなく、ほしい人に競争的に価格を付けてもらいましょう。それがオークションです。

社名にある「デューデリジェンス」とは、よく物件を調べましょう、精査しましょうということです。不動産って調べ尽くしても、結構色々なリスクが潜んでいることがあります。たとえば土壌が実は悪かったとかですね。

だから物件の精査には、いちばん力をかけています。オークションのやり方も大事ですが、その前段階のデューデリジェンスが肝心です。

それと、**オークションで大事なのは、その物件に高い関心をもつ参加者をしっかり集めること**です。１つ例をあげます。以前６月にオークションしたこの土地は広くて、分譲住宅がやれそうでした。そこで、分譲住宅の事業ができる会社さんを70社ほどリストアップして、参加者を探しました。結局、スタート価格を3億6000万円に設定しました。ちょっと高めかもしれませんが、4社がオークションに参加してくれることになりました。

もしかすると皆さんは、もっと多くの参加者がいたほうがよいと思われるかもしれません。しかしオークションへの参加にはそれなりの手間暇がかかります。スタート価格を高めにすると、その金額までは支払う意思のない方が、参加の手間暇をかけずにすみます。

当日は、競り上げ式でオークションします。開催は1日限り、10時スタート、17時終了です。入札者にはパスワードをお渡しして、インターネット上で開催します。プライバシー保護のため、一般公開はしていません。参加者と、主催者である我われのみが、オークションの様子を見られます。

オークション当日の様子

先日あったケースでは、10時スタートではありますが、最初の入札がなされたのは15時5分でした。その次が15時23分。ようやく入りだしてというところです。オークション当日、売主さんは昼間からどきどきされていて、なかなか仕事が手に付かないようです（笑）。値決めの過程が全部見えるので、気になりますよね。

15時28分のところで70万ほど上がって、また止まりました。

この辺りで売主さんから電話がかかってきて「なかなか入りませんが大丈夫ですかね」と心配されました。入札者の方々も互いの様子を探っているような段階です。

だいたいいつもこんな感じですね。17時で締め切りですが、16時半くらいから皆さん本格的に競り上げを始めます。16時55分くらいには2社しか残っていないことが多いです。競争が本格化すると、売主さんのほうも「だいぶすごい金額になってきたね」というような感じになります。

締め切り時刻の17時でも、まだ戦いは終わりません。10分間ルールというものがあるのです。誰かが入札したあとで10分間入札がなかったらオークションはようやく終了、としているのです。このルールにしておかないと、17時の締め切りまぎわに入札が殺到してしまいます。

この場合は17時47分に入札がなされ、そこから10分間誰からも入札がなく、17時57分に終了しました。17時47分に入札された方は「もう入れないでくれ」と思われていたはずです。結局3億6０００万円からスタートして、4億2０００万円に到達しました。売主さんは3億6０００万円でもよいと思っていたので、上昇分の6０００万円は喜ばれていました。

もしかすると皆さん、それは高すぎではと思われるかもしれません。でも、そうでもないのです。実際、オークションで勝った買主さんは、喜んでくださるものなのです。オークションだから、そもそも高く評価する人が買えるようになっているからですね。よく終了直後に買主さんから電話をいただいて、高揚した声を聞きます。

お時間をいただいてありがとうございました。

〈拍　手〉

質疑応答

坂井　風間さん、ありがとうございました。いま風間さんが話されたケースでは、終盤の競争が激しく高値になりました。他のケースを見ても、あんな感じが多いです。

これは決して買主さんから搾っているからではないです。たんに、いちばん高く払ってよい人に、きちんと売れているからですね。物件にいちばん高い評価をする人を見付ける仕組みがオークションです。競争メカニズムの発見機能はすごいものだと、今日はあらためて思いました。

B　終了時刻の30分前から本格的に競りが始まるんだったら、たとえば16時半から始めて17時で終わったらどうなんでしょうか。あえて入札できる時間を長くすることによって、何か効果を狙っているのでしょうか。

風間　いえ、何か効果を狙ってではありません。参加者の方々はそれぞれ日中はオークション以外に仕事があるので、朝10時には入札できるようにしています。

B　入札者の方は10時からパソコン画面に張り付いていらっしゃるわけじゃないんですね。

風間　はい、張り付くのは16時半くらいからだと思います。

C　終了するときの10分間ルールを入れたきっかけは何だったんですか？

今井　もともと10分間ルールを入れたのは、システム上の理由だったんです。２００３年くらいのことですが、当時はインターネットの速度が遅くて、多量の入札が同時に来るとシステムがダウンしたんですね。実際そうなったことがあり、それを回避するために10分間ルールを入れました。実は当時はシステムダウンの回避が目的で、競り上げを続けてもらうためという観点はなかったです。

D　競り落とした人が、買った直後はそれでよかったと思っていたけど、あとになって後悔した、というようなことはありますか。ちょっと失礼な質問かもしれませんけれども。

風間　それは分かりませんが、うちの入札者はリピーターさんが多いので、後悔にはなっていないのだと思います。

D　結局、オークションするのが合理的か否かは、オークションを実施する手間が割に合うかということなのでしょうか。オークションをやったほうがいい場合の求め方とかあったりするわけですか。

坂井　売る物の単価がある程度高くないと、オークションを開くコストは割が合わなくなります。魚でもまとまりなら築地や豊洲のようにオークションできますが、スーパーで魚の切り身に対してオークションをやるわけにはいきません。

あと魚をオークションするなら、手早くやらないといけませんね。のんびり入札者を集めていると腐ってしまう。この点、土地や美術品は腐らないので、入札者を集めてオークションするのが理にかなっています。

D　事例で出てきたネット広告枠。あの単価はたぶん安いんだけど、システム化されているからオークションできるというのはあるんでしょうか。

坂井　それはあると思います。オークションの実行をコンピュータが全てやっているから、開催のコストがほとんどかからないのでしょうね。

今井　ちょうど良い時間になりましたので、今日の回は終わりにしようと思います。21時くらいまで会場は開けています。後ろのほうにコーヒーを用意していますので、お時間のある方は歓談していってください。今日はどうもありがとうございました。

5 金子隆『ＩＰＯの経済分析』（東洋経済新報社）２０１９年
6 池邉暢平・坂井豊貴「国債オークション」、『メカニズムデザインと意思決定のフロンティア』（慶應義塾大学出版会）２０１４年
7 Vickrey, W. (1961) “Counterspeculation, Auctions, and Competitive Sealed Tenders” *Journal of Finance*.
8 Ausubel, L. and Milgrom, P. (2006) “The Lovely but Lonely Vickrey Auction” in *Combinatorial Auctions*, MIT Press.

第3章

コインを売るならば

――マンション販売にも適用できないか

今井　皆さんこんばんは。今日はオークション・ラボにお集まりいただいて、どうもありがとうございます。早いもので、今日で3回目の開催になります。

このワークショップは私や坂井さんが、半ば趣味で始めた集いなのですが、思いがけず多くの方が足を運んでくださるようになり、ありがたいです。我われは普段、オークション理論をビジネスに活用したり、さらには経済学一般をビジネスに活かしたりしていま す。何かしらのご参考になれば嬉しいですし、交流させていただければ幸いです。では坂井さん、よろしくお願いします。

坂井　前回に引き続き、今日はコインの発行を念頭に置いて話します。

たとえば僕が10枚のコインを発行するとしましょう。サカイコイン。そんなコインはこれまで市場にありませんでした。だから市場にはサカイコインの相場の価格はありません。僕が売るにしても、価格付けがとても難しいわけです。もしかすると世の中にはサカイコインを強烈にほしがる人がいて、高値でも売れるのかもしれません。もちろん逆もありえて、誰もほしがらないかもしれない（笑）。

そういう商品はオークションで、人々に価格を決めてもらうのに向いています。市場で価格を発見するわけです。ただしオークションの方式は色々ありますから、どの方式を選ぶかが重要な問題になります。せっかくサカイコインなんてものを発行するのに、下手な方式で安く売ると大損です。

注意事項を２つ申し上げておきます。

注意事項その１　プライマリーを主に考えます

同じ市場と言っても、プライマリー市場とセカンダリー市場は区別して考えねばなりません。新しいものを初めて世に出すマーケットがプライマリー市場です。魚を卸売する豊洲市場はプライマリー市場です。画家が絵を売るのや、政府が銀行に国債を売るのもプライマリー市場。プライマリー市場はオークションが非常に向いています。

向いているにも関わらずオークションしない例は、初めて上場する株のＩＰＯ（Initial

Public Offering）です。新規株式公開。

通常、創業者が会社を育てて株を上場するとき、担当の証券会社が1株いくらというふうに価格を決めます。そして株は上場前に、証券会社の顧客が買うことが多いです。内輪で販売してしまう。これが株のプライマリー市場ですね。

その株を買った人たちの多くは、上場後にその株を証券市場で売ります。これが株のセカンダリー市場。大抵の場合、プライマリー市場で買った価格よりも、セカンダリー市場での初値は高くなります。

証券会社による株の値付けが安すぎるわけです。証券会社の値付けと、初値の差額というのは、株の元の持ち主（創業者や出資者）が不当に奪われた金額ではないですかね。プライマリー市場なのにオークションしないで、過度に安い価格が付けられているわけです。今日我われが念頭に置くのはプライマリー市場です。

注意事項その2　公開型オークションを主に考えます

オークション方式は、大別すると封印型と公開型に分けられます。イメージとしては、封印型は静かで、公開型は賑やかな感じです。

たとえば裁判所が差し押さえた物件を売るときの競売は封印型です。物件を買いたい人は、いくらで買うか金額を紙に書く。その紙を封筒に入れ、裁判所の入札箱に入れる。その金額は後から変えられない。封印型だと入札者たちは、同じ時間に同じ場所に集まったりはしません。それぞれの都合のよいときに入札箱まで足をはこびます。

一方、豊洲市場は公開型です。豊洲市場には人がいっぱい集まるわけです。仲買人や卸商の人たちが、同じ時間に同じ場所に集まります。そして10万円！　11万円！　と競り上げていきます。途中で自分の入札額を変えられます。最初に10万円と言って、別の人に11万円と言われたら、今度は12万円と言えます。

色々な実験結果を見てみますと、封印型よりも公開型のほうを僕はすすめます。というのは、複数財のケースだと、封印型は低価格になりやすいからです。これを説明する理論はあるのですが、ここでは細かいことは言わないで、このように結論だけ申し上げておきたいと思います。

サカイコインを売る

サカイコインを10枚売り出すオークションを考えてみましょう。

ここでは、それぞれの入札者は（価格、数量）のペアをいくつも入札できることにします。たとえば（7円、2枚）と（3円、4枚）を入札するというように。これは7円で2枚買いたい、3円で4枚買いたいという注文を表します。仮想通貨や株を売買している方は、こうした注文に慣れていると思います。

人々の注文をまとめたのが図表3－1です。10円の注文が全部で1枚、9円の注文が全部で3枚といった様子ですね。

図表3-1 注文の一覧表

入札額	注文枚数
10円	1枚
9円	3枚
8円	1枚
7円	4枚
6円	1枚
5円	5枚
4円	3枚
・・・	・・・

図表3-2 競り上げの過程で注文に変化が起こった

入札額	注文枚数
10円	１枚
9円	３枚
8円	１枚
7円	５枚（１枚注文が増えた）
6円	１枚
5円	３枚（２枚注文が減った）
4円	３枚
・・・	・・・

図表３－１は競り上げの過程を表していると考えてくださ い。もしここで競り上げが止まれば、これら数のなかの上位10個にコインが与えられます。いまだと10円から６円まででちょうど10個ですね。その下の数は、このままでは負けで、コインを得られない。そこでコインを得たい入札者は、数をどんどん上げていきます。たとえば５円の注文を２枚キャンセルして、７円で１枚の注文をするというように。

そうすると表はこうなります（図表３－２）。

さて、この表の状態で競り上げが止まったとしましょう。ビッドの上位10個とは、10円から7円までの10枚の注文ですね。これら10個が勝ちビッドで、コインが割り当てられます。問題はプライシングです。

プライシングは大事

プライシングは主に2つやり方があります。

1つは**差別価格**。ビッドの金額をそのまま支払わせます。

もう1つは**均一価格**。最低落札ビッドである7円をコイン1枚の価格にします。つまり1コイン＝7円とする。これだと10円のビッドについても、支払額は7円ですみます。

競り上げといってもプライシングのやり方が複数あるのです。他にもやり方は色々考えられます。たとえば負けビッドの最高額である6円を価格にするとかですね。

なんなら勝ちビッド10個の平均額を価格にしてもいい。この例だと平均額は8円ですから、1コイン＝8円とすることになる。なお、この平均は式

（10×1＋9×3＋8×1＋7×5）÷10＝8

で求めています。

ただし平均だと、7円の注文で勝った人も8円を支払わされるので、入札する側はこれを嫌うでしょうし、現実にそういうやり方をする例はないと思います。**ここで重要なのは、色々なプライシング方式を作れるということです。**

売るものが1個であれば、こんなふうに色々な方式を考えることはできません。そして色々な方式がある分、複数財オークションでの方式の選択は難しいのです。そこで、これから実験研究を参考に、私が非常によいと考えるものを一つお見せしたいと思います。現時点ではこれが複数財オークションではベストだと考えています。

それは競り上げ式で均一価格のものですが、これまでのやり方と注文の仕方が異なります。各入札者は（7円、2枚）と（3円、4枚）のように入札するのではなく、**イングリッシュ・クロック**という価格の時計のもとで、「何枚買う」と意思表示するのです。以後、イングリッシュ・クロックを単にクロックと呼びます。

イングリッシュ・クロックによる競り上げ

クロックの針は最初p＝0を指しています。これがp＝1、2、3と一定の速度で上がっていきます。針が指す金額に応じて、それぞれの入札者は「何枚買う」と意思表示します。入札者が3人、佐藤さん、田中さん、渡辺さんだとしましょう。いまコインの発行総数は、1000枚だとしますね。

- 最初のp＝0では、皆が「1000枚」と意思表示しています（図表3-3）。タダだからいくらでもほしい。これがp＝1、2、3と上がっていくにつれ、だんだん各自のほしい枚数は減っていきます。時計の針は自動的に進んでいき、それにつれ各自はほしい枚数を減らしていきます。ただし減り方は人によって違う。
- いまp＝80まで価格が上がり、佐藤は300枚、田中は350枚、渡辺は450枚ほしいと表明しています。その合計は1100枚です（図表3-4）。
- 価格がp＝81まで上がると、佐藤は290枚、田中は300枚、渡辺は440枚となりました。いま合計は1030枚です（図表3-5）。
- さらに価格がp＝82まで上がると、佐藤は280枚、田中は290枚、渡辺は430枚となりました。いま合計はちょうど1000枚です。ここでクロックは止まります。つまり皆のほしがる量が、販売物の量と一致するところで価格が止まるわけです。**この価格は経済学でいう需給一致価格です。人々が買いたい量と、売られている**

図表3-3 p=0の時点での、各人のほしい枚数。需要の3000枚が、供給の1000枚を超過

p=0			
佐藤	田中	渡辺	合計
1000枚	1000枚	1000枚	3000枚

図表3-4 p=80の時点での、各人のほしい枚数。需要の1100枚が、供給の1000枚をまだ超過

p=80			
佐藤	田中	渡辺	合計
300枚	350枚	450枚	1100枚

図表3-5 p=81の時点での、各人のほしい枚数。需要の1030枚が、供給の1000枚をわずかに超過

p=81			
佐藤	田中	渡辺	合計
290枚	300枚	440枚	1030枚

図表3-6 p=82の時点での、各人のほしい枚数。需要と供給が一致

p=82			
佐藤	田中	渡辺	合計
280枚	290枚	430枚	1000枚

量とが一致している（図表3－6）。

A　p＝82のところで、990枚に減ったらどうするのですか。ちょうど1000という数字になるとは限らないと思うのですが。

坂井　たしかにその通りで、ここでは誤差としてはしょっています。しかし、pが1ずつではなく、0・1とか0・01の細かい刻みとかで上がるとすればどうでしょう。どこかで1000ちょうどではなくとも、1000に近い数字にはなるはずです。たとえばp＝81・5で、997になるというような。ズレが3ありますが、誤差といってもよいでしょう。そのようにわずかなズレは生じえますが、価格の刻み幅を細かくすればズレは小さくできます。

第2章ではさまざまな封印型のオークション方式についてお話しました。実験研究を見てみると、それらと比べると、いま話したクロックによる競り上げ式のほうが、価格が高まりやすいようです。[9]

売る財の数が多いときは、封印型は低価格が付きやすいです。封印型だと、入札者は

「80円で200枚、79円で150枚、50円で180枚」のような入札をしがちになります。この「50円」のように、後ろの金額がガタンと下がる入札が増えるのです。そういう入札を皆がするのがナッシュ均衡になります。ここでナッシュ均衡とは「起こりやすい状態」程度に考えていただければ十分です。このとき価格は低めになります。

というわけで、もし皆さん、将来コインやトークンを発行されるんだったら、クロックによる競り上げ式がよさそうです。細かいことをいうと、クロックによる競り上げ式といっても、ユーザーインターフェイスをどう作るかが重要だったりします。たとえばそれぞれの入札者が、他者の入札状況をどの程度、PC画面上で見られるようにするかですね。

それと、1つ注意点があります。**そもそもオークションとは、それなりに人気のある商品にすべきものです。**ほしい人たちが価格競争をして、価格を上げる仕組みだからです。だから不人気な商品に競り上げ式オークションをやると悲しいことになります。最初から価格がまったく上がらないかもしれません。クロックがp＝1の時点で、佐藤は100枚、田中は200枚、渡辺は300枚ほしいとすると、ほしい量の合計が600枚しかありません。だからp＝1でオークションは終了、600枚が売れて、400枚は売れ残りです。

ヒーローカードをどう売るか？

ということを念頭において、ヒーローカードのオークションの話に移りたいと思います。

株式会社フィナンシェという、ブロックチェーンの技術を使った企業があります。そこでは個人がヒーローカードというものを発行できます。フィナンシェをご存じの方はどれくらいいらっしゃいますか（３割くらい手があがる）。

結構いらっしゃいますね。

B　本当にヒーローカードみたいなものを売っているんですか。

坂井　紙やプラスチックといった物理的なカードではなくて、電子的なものです。

さて、このヒーローカードですが、一種のオークションで売られています。フィナンシェのＨＰには「ダッチオークション方式となっています」と説明されています（当時）。オークション理論ではダッチオークションとは競り下げ式を意味するのですが、説明を読んでいくと、どうも普通の競り下げ式ではありません。

ちょっと分かりづらいのですが、僕が理解する限り、このオークション方式はおそらく次のようなものです。これは僕がHPを見てそう判断しているので、間違いにお気づきの方は、どうぞ教えてください。たぶん近似的な説明にはなっていると思うのですが。

僕が自分のヒーローカードを何枚か売ろうとしているとします。この枚数はあまり重要ではないのですが、とりあえず100枚としておきましょう。

また、僕は最大でもお金を500万円しか集めないという上限を定めます。そうすると、まずクロックの針は最大上限の500万という数を指します。このクロックの針は一定のスピードで動いて、だんだん小さな数を指していきます。最初は500万を指していたのが、499万になって、498万になって……というように。クロックの針が指す数は、単調減少ですね。

各入札者はクロックが動いている途中に、何度でも自分の支払額を提出できます。たとえばあるとき20万円を提出して、また後に10万円を提出する。これは計30万円を提出したことになります。

提出するのは金額だけで、枚数ではありません。要するに「何枚買いたい」という意思表示はできないのです。20万円を提出しても、僕のヒーローカードが何枚手に入るかはその時点では分かりません。とにかく支払う金額を提出して、その金額はその時点で支払いが確定します。というように、みんながお金を少しずつ提出していきます。だんだん増えていくので単調増加。

よってあるとき、提出額の合計と、クロックの指す額が一致します（現実的には完全には一致せずとも、一致とみなせる程度の近似には至るでしょう）。このときオークションは終了です。

まず、その集まった金額――ここでは仮に１００万円としましょうか――を僕は得ます。販売収入ですね。内訳は、佐藤が50万円、田中が40万円、渡辺が10万円だとします。割合としては、佐藤が50％、田中が40％、渡辺が10％です。この割合のヒーローカードを各人は得るので、佐藤が50枚、田中が40枚、渡辺が10枚となります。結果として、ヒーローカード1枚の価格は1万円だったことになります。

最初このやり方を知ったときはとても不思議でした。普通、入札は「８０００円で15枚買う」というような形式になるものなんです。仮想通貨でも株でも、トレードに慣れている方にとってはそれが常識だと思います。ところがこれはそうではない。とにかく自分が

「これだけ払う」という金額を提出します。その時点では、最終的に何枚買えるかは確定していない。

なぜこういう方式を用いるかというと、おそらく売れ残りを避けるためだと予想します。というのは、この方式だと、誰かが1円でも提出したら必ず全部のヒーローカードがさばけるんですね。その入札者が1円で１００枚すべてを獲得というように。

オークション理論にはいくつか標準的な教科書があります。例えばクリシュナの『オークション理論』や、ミルグロムの『オークション理論とデザイン』ですね。この方式はこれらの教科書には載っていません。「どんなに安くても必ず全部売る」ことを、普通はオークションには求めないからでしょうね。

そこで、フィナンシェのような方式の研究はないかとGoogle Scholarで調べて、色々なペーパーに当たってみました。そうしたら、非常に近い方式を分析した論文がありました。分野としては、経済学というよりは、情報工学になります。各人が入札額に比例して、自分の割合を得るオークション方式の研究です。クラウドコンピュータが1つあって、その使用の割合を複数の入札者で決めるオークション[10]。

この方式の何がよいのかというと、売れ残りが出ないことと、誰かの総取りにはならないことでしょうね。売り手が利益を最大化するという設計ではないはずです。

C　ヒーローカードのオークションは、プライマリー市場ですよね。プライマリー市場の後で、転売のセカンダリー市場が開かれるはずです。そこでのヒーローカードの人気というか、流動性を上げたいんじゃないかなと思います。

坂井　その狙いは感じますよね。そのことはまずは売れ残りが出ない点に表れていると思います。プライマリー市場で売れ残ったものが、セカンダリー市場で人気を博すようには思えませんものね。不人気商品だということが、あまりにも明らかになってしまうから。

D　少額でも払ったら、何%かはカードを得られるわけですよね。みんなに普及させるという意味ではよい方式かなと思います。

坂井　そういう意図があるのでしょうね。よく考えられていると思います。

E　参加者は1回しか入札できないのでしょうか。それとも複数回できるのでしょうか。

坂井　たぶん複数回できるはずです。ただ、1回に限っても、そんなに変わらない気がします。というのは、「いま20万円提出する」のと、「いま10万円提出して、あとで10万円提出する」のでは、結果は同じになるはずだから。

F　特定人物のヒーローカードを熱心に集めている人たちから、お金をどんどん取っていきたいという仕組みではないのですか？

坂井　たぶんそうではないと思います。一人で全部を独占できないですからね。でも熱狂的なファンは大金を払って、多くの割合を得ようとするかもしれません。アイドルがカードを発行したら、そうなるかもしれませんね。

F　カリスマホストとか。

坂井　そうですね。カレに一発で誠意を見せられますね（笑）。

G　サービス設計の側から見ると、たぶん多くの人にヒーローカードを渡したいんじゃないですかね。

坂井　僕もそうだと思います。カードをもつファンのコミュニティを作りたいんだったら、多くの人に買ってほしいでしょうからね。このフィナンシェのやり方だと、少額でもお金を払ったら、いくらかカードを得られます。カードを売りさばいて終わり、という目的のオークションではないのでしょうね。

伝説のマザーズ・オークション

ここで話の趣向を変えましょう。オークションの実務をやってきたデューデリ&ディールの方々に、試行錯誤の歩みについてお話しいただきたいと思います。こういう話は僕も聞く機会がほとんどないですし、貴重な機会ではないかと思います。それでは今井さんお願いします。

今井　私は不動産オークションを1999年からやってきました。それまでは民間業者は不動産オークションが禁止されていたんですね。スタート価格と落札価格が違うから、広告規制の関係（二重価格）でダメだという扱いだったんです。昔から裁判所は競売で不動産を売却していたので、その理屈は変だと思うのですけどね。

とにかく、不動産オークションが1999年6月からできるようになりました。そして、オークションをやろうと、当社の母体である株式会社アイディーユー（以後ＩＤＵ）ができました。

当時ＩＤＵは「マザーズ・オークション」という名前のオークションを開き、八千草薫さんと美輪明宏さんを起用してＣＭを打ったりしていました。最初にオークションを開いたのは2000年5月14日です。お客さまに大阪のホテルに集まってもらい、挙手で競り上げをやってもらいました。このころテレビ番組で「ハンマープライス」というオークションの番組がありましたが、あんな感じです。

生身の人間が挙手で5000万！　5100万！　5200万！　みたいな感じでやりました。ただ不動産は金額の大きな商品ですし、周りに多くの人がいるなかで、誰かが5000万と言ったときに5100万と言い返せるかというと、そうではなさそうでした。あんまり盛り上がらないなあというのがそのときの感想です。これが初回のオークション。

そこから色々なやり方を試してみました。物件も、マンションの一番高そうな部屋、つまりプレミアム住戸だけをオークションするとか。

印象深かったのは、売れ残った物件を競り下げ式でオークションしたことです。2000年あたりはバブルの後始末の時期で、売れ残りが多くあったんですね。たとえば5000万で売り出したけれど、売れなかったマンションの部屋。これはもう5000万円では買い手がつきませんが、あまり値引きするとすでに買った人からクレームが来ます。そこで5000万円から競り下げ式で売るなら、もうちょっと納得してもらえるのではないかと思ってオークションしました。そういうオークションの使い方もあるんですね。

そういったオークションはたくさんやりました。芦屋、西宮、神戸あたりにある、築浅の未入居物件を250件くらいオークションしました。物件も、1800万円から競り下げていくものや、2億円あたりから競り下げていくものなのなど、さまざまですね。結局、そのうちの34物件が売れました。2億円あたりから競り下げた物件は、8750万円で売れました。あと、34件のうち、20件は同じ人が買っています。

H　その1名は投資家の方ですか。

今井　いえ、その方はおそらく、自分の相続を考えてのことだと思います。大まかな話ですが、同じ価値であっても現金より不動産のほうが、相続税の額は下がります。不動産の価値は、時価ではなく、評価額で計算されるからです。この方は税理士と相談して、そのようにされたようでした。やはり不動産は、プロがアドバイスをすると、とてもうまく買えるのですね。

競り下げ式は、誰か1人でもほしい人がいたら、物件を売却できます。しかし競り上げ式だと、2人以上が競争しないと、スタート価格から全く上がらないということになる。人気のない物件には競り下げ式が向いているとこのとき思いました。私たちは主だったオークション方式は、ほとんど試しています。

余談ですが、当時はインターネットで不動産取引を完結したかったので、各エリアごとに街の動画を作りました。Googleのストリートビューが無かった時代です。しかしせっかく動画を撮っても、再開発など様々な事情で周りの風景が変わってしまい、撮り直さねばならなくなって大変でした。これは結局、かなりの損失が出てやめました。そんなことをしている間にリーマンショックが起こって、IDUの事業は縮小します。

ー　不動産はこれからトークン化されていくと思うのですが、それについてはいかがお考えですか。

今井　トークン化とは、たとえば1億円の物件の所有権を1億分割して、1億枚の商品券にするというようなことですね。セキュリティトークンと呼ばれていますが、これは不動産の証券化のようなことです。

せっかく証券化のようなことをするのなら、そのトークンを売買するセカンダリー市場が盛り上がるかが重要でしょう。でないと、証券化のようなことはしたけれど、証券のようには売買できないということになってしまう。

現在、トークン化に似たものとして、船の権利の小口化があります。でもこうした権利のセカンダリー市場は成り立ちづらいようです。時間が経つにつれ船は劣化する、それにつれて権利の価値も下がるからですね。だから「今後の値上がりに期待」による売買が起こりにくい。

不動産でいうと、土地は劣化しませんが、建物は劣化します。だからセキュリティトークンのセカンダリー市場が盛り上がるかは、難しいかもしれません。日本では新築の物件が好まれるからです。アメリカやヨーロッパのように建物を補修しながら長く使っていくなら、セカンダリー市場は盛り上がるかもしれません。その意味では、証券化で面白いことが起こるかは、何を証券化するかによって異なるでしょうね。

坂井　他に質問などありますでしょうか。よろしいでしょうか。そろそろちょうど良い時間ですね。

今井　それでは今日はこの辺りでお開きにしましょうか。後ろにコーヒーを用意しています。21時くらいまでこの場所は開けていますので、どうぞご歓談ください。私どもは残りますので、何か個別に話したい方などいらしたらお越しください。今日はどうもありがとうございました。

〈拍　手〉

---

9 Crampton, P. (1998) "Ascending Auctions" *European Economic Review*, Vol. 42: 3-5, pp. 745-756.

10 Tsai, C.-W. and Tsai, Z. (2012) "Bid-Proportional Auction for Resource Allocation in Capacity-Constrained Clouds" *Proceedings of the 2012 26th International Conference on Advanced Information Networking and Applications Workshops*.

現場の人と座談会①

「納得」は大事

坂井　今日はお集まりいただいてありがとうございます。この座談会では「オークションって何だ？」をテーマに、皆さんの本音をお伺いしてみたいと思います。デューデリ&ディール大阪オフィスの方たちです。オークションて何だって、問いかけが大きすぎますかね。

日弁智之《ひびさとし》　私たちは不動産をオークションで売買していますが、やはりオークションは、「一番高く払う意思のある人に買っていただける仕組み」じゃないですかね。

坂井　おお、いきなり結論からだ。

日弁　不動産オークションってまだ世の中では珍しいので、こういう問いは普段から自分で考えるんですよね。そうでないとお客さんに説明ができませんから。

まず、たまに誤解されるんですが、オークションは「買い手から搾り取る仕組み」では決してないです。心の底で思っている本音の価格が一番高い人が勝つ仕組みです。

坂井　それはそうですよね。かりに1億円まで払ってよいと本音では思っている人と、9000万円までの人がいるとしましょう。これらの本音は傍からは分からないわけです。でも9000万円まで払ってよい人は、競り上げ競争が9000万円になるまでは粘る。9000万円で降りる。本音の価格の高いほう、ここだと本音が1億円のほうの人が勝つ。

しかもその1億円まで払ってよい人でも、9000万円の支払いで済む。という意味で、「搾り取る」というようなイメージは大きな間違いです。

日弁　過去、オークションで落札した方々に落札後の感想を聞いても、皆さんの満足度は高いんですよね。購入する物件への評価が高い人が勝っているからでしょうね。

藤原友也　オークションでないと、本音を引き出すことはできません。たとえば入札者に「あなたはいくらまで払う意思がありますか」とヒアリングしても、過少な金額を仰るのです。

坂井　やはりオークションの開催前に「いくらまで払うつもりがあるか」と聞いても、本音は出てこないものですか？

藤原　そうですね。正直に本音の価格を答えたら、「その価格で買いませんか」と言われますからね。だから正直には答えないというか、本音は隠すものです。ところがオークションだと本音が行動として表れます。

坂井　面白いですね。当初「９０００万円までしか払わない」と言っていた入札者が1億円で降りたら、「ああ実は、1億円まで払うつもりがあったんだ」と分かるわけですね。

つくづく行動は口先より雄弁ですね。

売主さんサイドに話を移します。デューデリ&ディールでは売主さんから物件を預かって、オークションが向いていそうなら、オークションで売っています。このときは売主さんの合意が必要です。売主さんはすぐに「オークションいいね、それで売ろう」となってくれるものですか？

辻祐史　高齢の方には、より多くの説明が必要な場合もあります。ただ、50～60代の現役の方だと、すんなりとよさを分かっていただけることが多いです。

最近、人々が価格は一定ではないものだと見るようになっています。たとえば、ホテルの宿泊費や航空運賃などは、時期によって価格が全然違います。そうした社会変化はオークションへの追い風になっているように感じます。

藤原　自分がオークションで難しいと思うのは、「どの時期に買ったものであっても、当時の買値より高く売れる」と期待されるようなことです。たとえばバブル期に買ったものは、オークションだろうが何だろうが、バブル期より高く売ることはできません。

いまの時代の最高値で売ることなら、できるかもしれません。ただ、もちろんバブル期ほどにはなりません。

坂井　オークションはタイムマシーンではないから（笑）。でも、それは売主さんに話したら分かっていただけるのではないですか。

藤原　まあ、分かっていただけはします。しかし、バブル期に2億円で買ったものを、いまの時代の最高値を追求してオークションを行い、1億円で売れたとして、それをなかなか喜んではもらえません。オークションの結果なので、最高値だと思うんですが。

坂井　なるほど、「損失を少なくする」お手伝いはできているわけですね。しかし、損失が発生すること自体は変わらない。だから売主さんはあまりハッピーな気持ちにはならないと。

左から辻祐史、藤原友也、日弁智之

相続した人だとどうですか？　たとえば父親がバブル期に高く買った土地を、相続で引き継いだ人。当時の買値より安く売ることに納得してくれますか？

辻　相続した人は、納得してくれやすいです。やはり親と子は別の人間ですし、生きている時代が違いますから。

日弁　**納得は重要なポイントですね。**バブル期に買った当人が売るときでも、オークションをやって「なんだよこれ」「なんでこんな価格なんだ」と言われた経験はほとんどないです。というのは、どうしてその価格になったのか、オークションは説明ができるから。

　バブル期の高い買値ほどにはならなくとも、「いまこれぐらいしか無理なんやな」と納得してもらえます。**これは我われとしては、価格の説明責任を果たせているわけです。**意外と人は、価格よりも納得が大事なんです。

坂井　「納得」って経済学ではなかなかお目にかからない概念です。「価格」は出まくりますが。こういう話を聞くと価格ばかりを注視してはだめだなあと思います。

日弁　ただ、プロの事業者になると、やはり価格は大事ですよ。個人は感情を大事にしますが、事業者はビジネスなので感情を抜きにして、シンプルに価格で意思決定します。

坂井　なるほど、プロはシビアだし、シンプルなんですね。愛着があって安く売りたくないとか、高く買ったから高く売りたいといった感情は、意思決定をシンプルではなくするんですね。人間には感情がありますものね。

日弁　そこで大事なのが、納得なんです。納得のために何がいるかというと、なぜその価格になるのか、理由が透明であること。業者が「勘と経験で、この価格です」というのは不透明ですよね。この点でオークションは価格の決まるプロセスが透明です。

坂井　なるほどね。納得、説明責任、透明性って、政治の領域でよく出てくる言葉だと思うんです。でも今日は売買という経済の領域で、それらがメインの話になりました。政治だろうが経済だろうが、決定には納得、説明責任、透明性が大切ということですね。オークションも投票も、決定のメカニズムですからね。

第4章

組み合わせて売る

今井　こんばんは。今日はオークション・ラボにお越しいただき、ありがとうございます。2018年の秋から坂井さんと風間さんと私で始めた、ほとんど趣味の集いなのですが、多くの人が来てくださって嬉しいです。

我われは普段、オークション理論の学知を、不動産のオークション売却に活用しています。オークションのほうが、定価を付けて売るよりうまく売れるものは色々あります。物件にもよりますが、不動産はその例だと私たちは考えています。

ただしオークションは方式によって結果が変わります。どうせならうまい方式を使いたいものです。そこで我われはオークション理論の学知を活用して、不動産オークションの方式を設計しています。今日はまず坂井さんから高度なオークション方式の話、その後に私が昔やっていた分譲マンションのオークションの話をしたいと思います。では坂井さん、よろしくお願いします。

坂井　今日は競り上げ式オークションの変形版について話します。主なテーマは２つ。

第一に、多種類の財を扱えるようにします。普通の競り上げ式オークションは１つのものを売りますが、今回は多種類のものを売れる仕組みを考えます。同時競り上げ式オークションというやり方で、アメリカの周波数オークションで活用の実績があります。

第二に、アルゴリズムとして競り上げ式オークションを捉えたいと思います。マッチング理論では、受入保留方式という優れたアルゴリズムがよく知られています。このアルゴリズムと競り上げ式オークションはとても似ています。

これらの話の後で、今井さんにオークションの実務の話を聞いてみたいと思います。とくに今日はオークションのビジネスでどういう苦労があったのか、何が思い通りにいかなかったか、といった話を伺ってみたいです。

では内容に入ります。

ものを１つ売るオークションでも、どの方式を選ぶかは難しいという話をこれまで何度かしてきました。競り上げ、競り下げ、第一価格、第二価格と、主なものだけで４種類あります。どれを使うにせよ細部の調整まで考えねばなりません。

多種類のものを売るオークションでは、話はさらに難しくなります。ここでは例として、5人の入札者に、3つの住宅を売るオークションを考えてみましょう。3つの住宅はそれぞれ個性があって、異なります。これが多種類ということです。

悪いデザインで失敗

まずは悪いデザインからお話ししますね。3つの住宅を別々に、しかも同時期にオークションします。皆さん、自分が入札者だとしてその状況を想像してみてください。いま皆さんの目の前で、住宅ABCのオークションが同時に開催されています。皆さん、住宅は1つしか要りません。

こういうとき、3つあるうち、どのオークションに参加しますか。この状況だと、住宅が1つはほしいけれど、1つのオークションにだけ参加すると買えないリスクが高いです。だったら2つのオークションに参加するかというと、これは2つ買うことになったら大変です。住宅は1つあればいいんだから。

また、こんなことがあるかもしれません。AとBのオークションには多くの人が参加したけど、Cはそうでもなくて低価格になった。そうすると売る側も損なわけです。

というわけで、このやり方はだめです。買う側としては、きちんと1個だけオークションで買うということが難しい。売る側としても、変な売れ残りを抱えたり、低価格になったりしやすい。

1990年にニュージーランドで行われた周波数オークションがこうした方式を使って、そんなことが起こりました。[11]基本的に、入札者がどう行動してよいか判断しにくい方式はうまく行きません。どんな問題が出るか誰も分からない試験でヤマ勘が当たった人が1位になる、みたいになっちゃう。1位になるべき人がなれないんですよね。

オークションだと、一番高く商品を評価してくれる人を、きちんと勝たせてあげたい。売り手よし、買い手よしですね。一番ほしい人に売ると資源の有効活用になりやすいので、社会としてもよいです。

ちなみにニュージーランドは世界に先駆けて周波数オークションを行った国です。アメリカより早いんです。当時ニュージーランド政府は、きちんとしたオークション設計の必要があることまでは気づいていたんです。でも設計を頼んだ相手が悪くて、専門知識のないコンサルティング会社に頼んでしまった。政府の姿勢は立派だったんだけど、相手を選ぶ力量が足りませんでした。いまでは失敗例として語り継がれています。

世の中には他人の失敗から学ぶ賢い人たちがいます。アメリカ政府です。アメリカ政府は、ニュージーランド政府の失敗から、付け焼き刃の知識ではうまくいかないことを学びます。そうしてスタンフォード大学のポール・ミルグロム教授らに、オークション方式のデザインを依頼します。ミルグロムはこの分野で世界トップの学者です。ここでミルグロムに依頼できるというのがアメリカの凄いところです。

そしてミルグロムはアメリカでの周波数オークションのために新しいオークション方式を考案しました。それがこれからお話しする同時競り上げ式オークションです。アメリカでの周波数オークションの成功は、ひとえにこの方式の成功でもあります。ミルグロムもですが、ミルグロムに依頼したアメリカ政府が偉大ですね。

周波数オークション

周波数オークションというのは周波数免許を売ります。免許には色々種類があって、例えば東京の免許、神奈川の免許、千葉の免許といった具合です。売る物が複数あるんですね。

ある事業者は東京の免許だけがほしいけれど、別の事業者は東京都と神奈川の免許がほしいと考えているかもしれません。また、広域でサービスを展開したい事業者は、東京・

神奈川・千葉すべてのセットがどうしてもほしいかもしれない。要するに、事業者によっては、1＋1が2以上の価値を生むわけです。

それでは同時競り上げオークションというのはどういうものなのか。細則はさておき、原則は2つあります。

(1) 東京、神奈川、千葉の免許をそれぞれ個別に競り上げ式オークションにかける。

(2) ただし三件すべての競り上げが終わらない限り、どの競り上げもオープンに継続する。

これだけです。一言でいうと「(2) が (1) での裁定を可能にする」のが特徴です。もうちょっと具体的にいいますね。たとえば千葉の競り上げが激しくなると、「千葉のオークションは降りて、神奈川のオークションに移ろう」とできます。その結果、もし千葉と神奈川の免許が似た財だとすれば、両者には似た価格が付くようになります。これが、裁定が働くということです。

2つの競り上げを同時に

二軒の家AとBをオークションで売ることを考えてみましょう。入札者は3人、ポール、ジョン、リンゴだとします。

いま入札はこんな感じだとします（図表4－1）。ポールはAに10で、Bには4とします。ジョンはAには7で、Bには6。リンゴはAには8で、Bには7と入札しています。

いまのところAのオークションで勝っているのはポールです。だっていちばん高い金額を付けているから。Bで勝っているのはリンゴですね。これはオークションの初期の段階だと思ってください。まだポールもリンゴも暫定勝者です。この後も競り上げ競争は続くので。

さて、ジョンがAの入札額を11に上げたとしましょう。するとAの暫定勝者はポールからジョンに代わります（図表4－2）。

その後ポールはBの価格を8に上げました。すると今度はBの暫定勝者がリンゴからポールに代わります（図表4－3）。

ところがここでリンゴがAの価格を12に上げました（図表4－4）。ここでAを諦めたジョンが、「もうBでいいや」とBの価格を9に上げた！（図表4－5）

図表4-1　３人で２つの家を競う

	A	B
ポール	10	4
ジョン	7	6
リンゴ	8	7
暫定勝者と最高値	ポールの10	リンゴの7

図表4-2　ジョンがAの入札額を11に上げる

	A	B
ポール	10	4
ジョン	11	6
リンゴ	8	7
暫定勝者と最高値	ジョンの11	リンゴの7

図表4-3　ポールがBの価格を８に上げる

	A	B
ポール	10	8
ジョン	11	6
リンゴ	8	7
暫定勝者と最高値	ジョンの11	ポールの8

ここでポールはもうAもBも降りたとしましょう。両方とも価格が上がりすぎたからですね。これによりAもBも両方とも競り上げが止まりました。両方とも止まったので、ここでオークションが終了です。リンゴがAを12で購入、ジョンがBを9で購入と確定します。

最後あたりでジョンがAを諦めてBに移りました。割高なものから割安なものへの変更。**いわば裁定ができるのが同時競り上げ式のよいところです。**

また、AとBを両方競り落とした人はいません。これがAとBのオークションが、完全に別々になされていたらどうでしょう。家はどちらか一方だけしか要らないけれど、どちらか一方はほしい。うっかりAとBを競り落としたら大変です。別々にオークションが開かれると、そのような事態が起こりえます。

オークション理論が本当に強力に力を発揮するのは、このように複数の財を売るケースです。1つの財のオークションだと、デザインがいまいちでも、熱心な入札者が何人かいてくれるならば、それなりにうまくできることはあります。でも複数財だと無理でしょうね。

僕は日本で同時競り上げ式オークションが使われた例は知りません。誰か使ったらいい

図表4-4 リンゴがAの価格を10に上げる

	A	B
ポール	10	8
ジョン	11	6
リンゴ	12	7
暫定勝者と最高値	リンゴの12	ポールの8

図表4-5 ジョンがBの価格を9に上げる

	A	B
ポール	10	8
ジョン	11	9
リンゴ	12	7
暫定勝者と最高値	リンゴの12	ジョンの9

のにと思っています。

分譲マンションの販売なんてどうでしょうね。たとえば100部屋を同時競り上げオークションで売ってみるとか。1号室から100号室までを売るわけですね。分譲マンションって、人気のものは申し込みが殺到して、よく抽選で選んでいますよね。あんなことしないでオークションしたらいいと思うんですけどね。

だって売り手としたら、抽選に勝った人に売るメリットってないわけです。高く払ってくれる人に売ったらいいと思うんですよ。客の側としても、もっと払うから買わせてくれよという人はいるはずです。ウィンウィンなわけです。

「高く売る」って、どうも世間では受けがよくないようですが、べつに悪いとは限らないですよ。格安なものって、売る側は儲けられないし、買う側も運任せでしか買えないわけです。もっと払ってもよいお客さん、いわば財に高い価値を認めるお客さんに売ったら、売る人も買う人もハッピーになるわけです。**格安にしてそれができなくなるなら、ただの値付けの失敗です。**格安の商品で客をおびき寄せるとか、明確な目的があるならよいのですが、その場合でも本当におびき寄せられているかの検証は必要でしょうね。

C 入札者たちは、互いにいくらまで支払うつもりがあるかが見えない状態で競っているわけですか。

坂井　そうです。いくらまで支払うつもりがあるかは、各人が胸のうちに秘めている情報ですから。

C　みんなに胸のうちを聞いていけば、この表を作ることができるわけですね。

坂井　聞いても、正直には教えてくれないでしょう。ギリギリ1億円まで払いたい人が正直にそう言ったら、「じゃあ1億円で買いませんか」と提案されるだけだから。せいぜい8000万円とか、9000万円くらいしか言わないでしょう。

C　それはそうだ。じゃあ、別のやり方として、AとBを別々の日にオークションするというのではダメなんでしょうか。Aを競り落とした人は、Bのオークションには参加しないから、2つとも競り落とすことは起きない。

坂井　ご賢察です。ところがそれでも、やはり十分にはうまくいかない。Aを先にオークションするとして、Aを競り落とそうとする人は「やはり明日Bを競り落としたほうがトクなのでは」と考えるからです。

C なるほど、Bのマーケットがどうなるか分からないので、Aのマーケットでどう振る舞えばよいか分からなくなるのですね。

坂井 そうなんです。すると結果が運任せになりやすくなりますが、これを売り手から見ると「高く払ってもよいと思う人に高く売る」ができないわけです。

C 難しいですね。

坂井 いま仰られた方式は、逐次オークション（sequential auction）といいます。まずはAをオークションして、次いでBをオークションする。多段階の作りなので、ちゃんと分析すると複雑になるのですが、色んな研究を見てみると利用は避けたほうがよさそうです。

オークションは機械

不動産に限ったことではないですが、ものを売るときに、お客さんに「あなた最大いくらまで支払ってくれますか」と評価値を訊いて、正直に教えてくれる人はいないでしょう。だからこそオークションをやるんです。

評価値が分かったら、オークションしてはいけないんです。お客さん方の評価値が分かっているんだったら、いちばん高く買ってくれる人のところへ行って、その金額で買ってくれとやればいいんです。このときオークションは必要ない。

でも土地なんかで、売り手が、お客さん方の評価値をすべて知っているなんてことはないですよ。**勝手な予測ならできますが、良くいって職人のカン、悪くいうと当てずっぽうや思い込みです。そんなものには頼らずに、科学を使おうというのがメカニズムデザイン。**

相手の心の内が分からないから、入札という形で外に表してもらうわけですね。経済学の言葉でいうと、買い手と売り手のあいだにある、評価値という情報の非対称性を、入札というシグナルで解消します。

D　競り上げ式だと、入札する人は正直に行動してくれるのでしょうか。

坂井　競り上げ式はそうなります。どういう意味でかというと、たとえば競り上げの途中で価格が5万円のとき、それより払ってよいと思う人は降りないのが得だから降りないし、5万円以上は払いたくない人は競り落としたくないから降りますよね。正直に行動しないと損をしてしまう。

D　何か、ある人の観測データから、その人の評価値を予測するみたいなことはできないんですかね。

坂井　統計で分かるのは集団の大まかな性質だから、個々の入札者の評価値は難しいように思います。とくに土地なんて、そう頻繁に取引されるものではないから、豊かなデータはありません。最近、世の中は人工知能ブームで、いまのような質問はときどき受けます。でも人工知能って要するに統計の一種なので、こういう問題で使うには、それなりに豊かなデータが要ります。

そもそもオークションは機械みたいなものなんですよ。いちばん高く払ってよい人を、見付け出す機械ですね。よく私は「制度は機械だ」って言うんです。制度は完全な人工物ですから。

マッチング理論のはじまり

ここで話をマッチング理論に移します。これは大まかにいうと、あるものと別のものとをうまく組み合わせようという問題です。

有名な実用例は日米での研修医マッチングで、病院で働きたい研修医と、研修医を雇いたい病院とを、どう組み合わせるか考えます。

他に有名な例は学校選択マッチングです。これは学校に行きたい学生と、学生に来てほしい学校とを組み合わせます。

学校ではなくて学部でもいいですね。たとえば慶應義塾の高校生が大学に進学するとき、どの学部と組み合わせるか。東大だと、教養課程の２年生を、３年次以降の専門課程でどの学部に入れるか。

これらの例では実際にマッチング理論の知見が活用され、受入保留アルゴリズムがよく用いられています。このアルゴリズムを考案したのはデヴィッド・ゲールとロイド・シャプレーです。二人とも経済学者と数学者を兼ねているような人ですね。

シャプレーは2012年にノーベル経済学賞を受賞しています。ゲールはそのとき亡くなっていたのですが、生きていればシャプレーと共同受賞していたはずです。受入保留アルゴリズムは、ゲール・シャプレーアルゴリズムともいいます。

ゲールとシャプレーが書いた論文がこちらになります（と現物を見せる）。論文のタイトルが面白くて、College Admissions and the Stability of Marriage（大学入学と結婚の安定性）といいます。掲載されたのは *The American Mathematical Monthly* という、そんなにグレードが高くない学術誌です。

実はこの論文は数式が全く出てきません。ずっと言葉だけで説明しているんです。変わった書き方だし、載せた学術誌もそんなにグレードが高くない。おそらくこの研究をしたときには、ゲールとシャプレーは自分たちがそんなに重要なことをやっているとは思ってなかったのかもしれません。でもこの論文は紛れもなく、マッチング理論を創始した画期的なものです。

不安定を避ける

簡単な例を見てみましょう。3人の研修医と3つの病院があります。研修医1、2、3

図表4-6 研修医と病院をどう組み合わせるか？

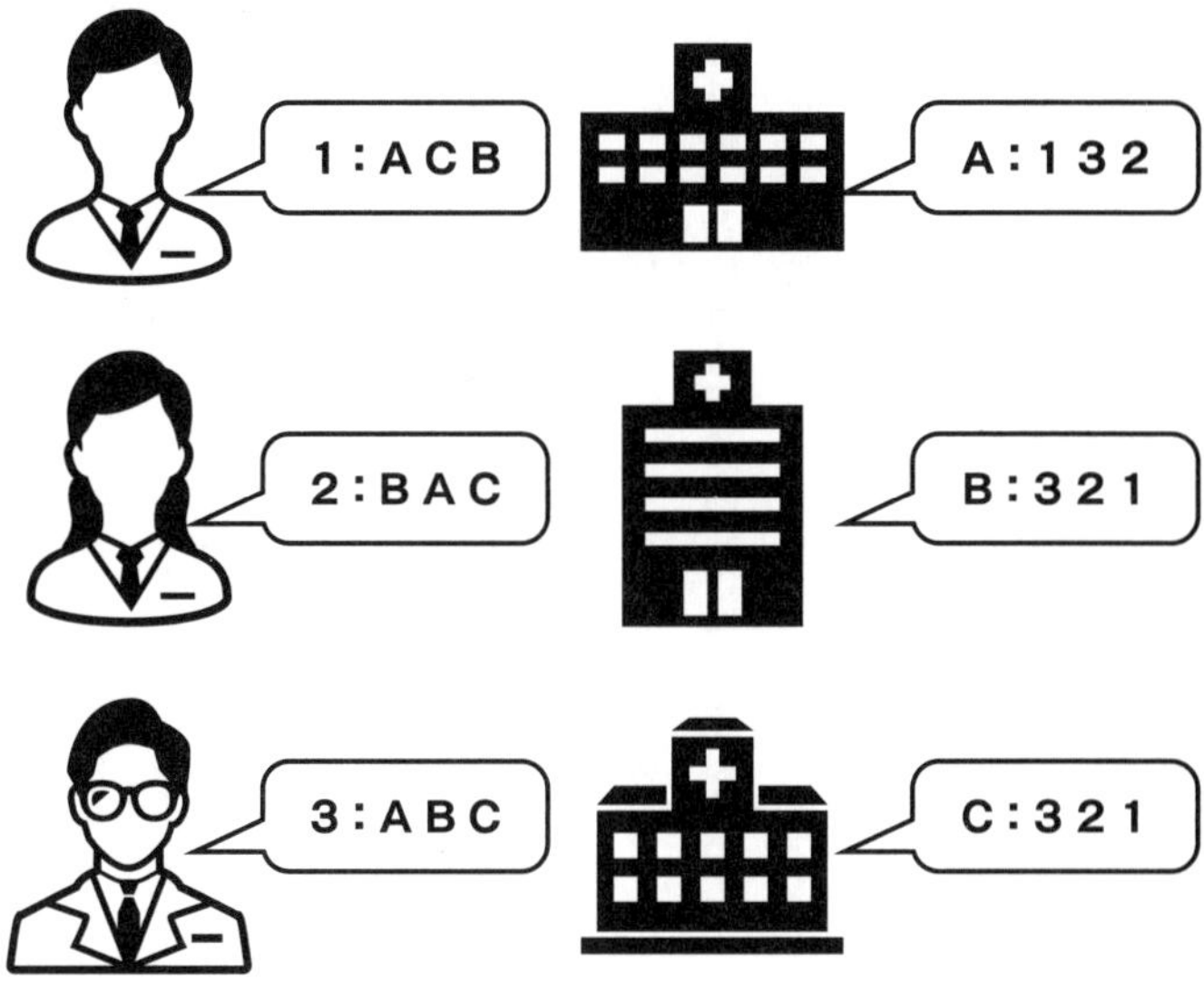

と、病院A、B、Cです（図表4-6）。

研修医1は病院A、C、Bの順番で働きたいと思っている、病院Bは研修医3、2、1の順に雇いたいと思っている、というようにこの表は読みます。

こんなふうにそれぞれみんな希望順があるわけです。経済学に親しんでいる人は、この希望順とは選好のことだと思ってください。

希望順は、各人がもつものです。外部の人間に分かるものではない。私的な情報です。でもここで我われはいったん神の目線に立って、希望順を分かっているとして、3人の研修医と3つの病院の良い組み合わせを考えてみましょう。いま僕は「良い」という言葉を使いましたが、どういう意味で「良い」のかを考えるのも重要です。**神の目線に立ってなお、良さとは何かという人間の問題は残っているのです。**

良い組み合わせを考えるには、悪い組み合わせをもち出すとわかりやすいです。ですからまずは適当に組み合わせちゃいましょう。1とAを、2とBを、3とCを組み合わせることにします（図表4-7）。

この組み合わせはどういう意味で悪いのか。病院Bは、いま研修医2を雇っていますが、研修医2よりも3を雇いたいです。研修医3も、いま不本意ながら病院Cとくっついたわけだけど、病院CよりはBのほうがいいわけです。

図表4-7　悪い組み合わせ

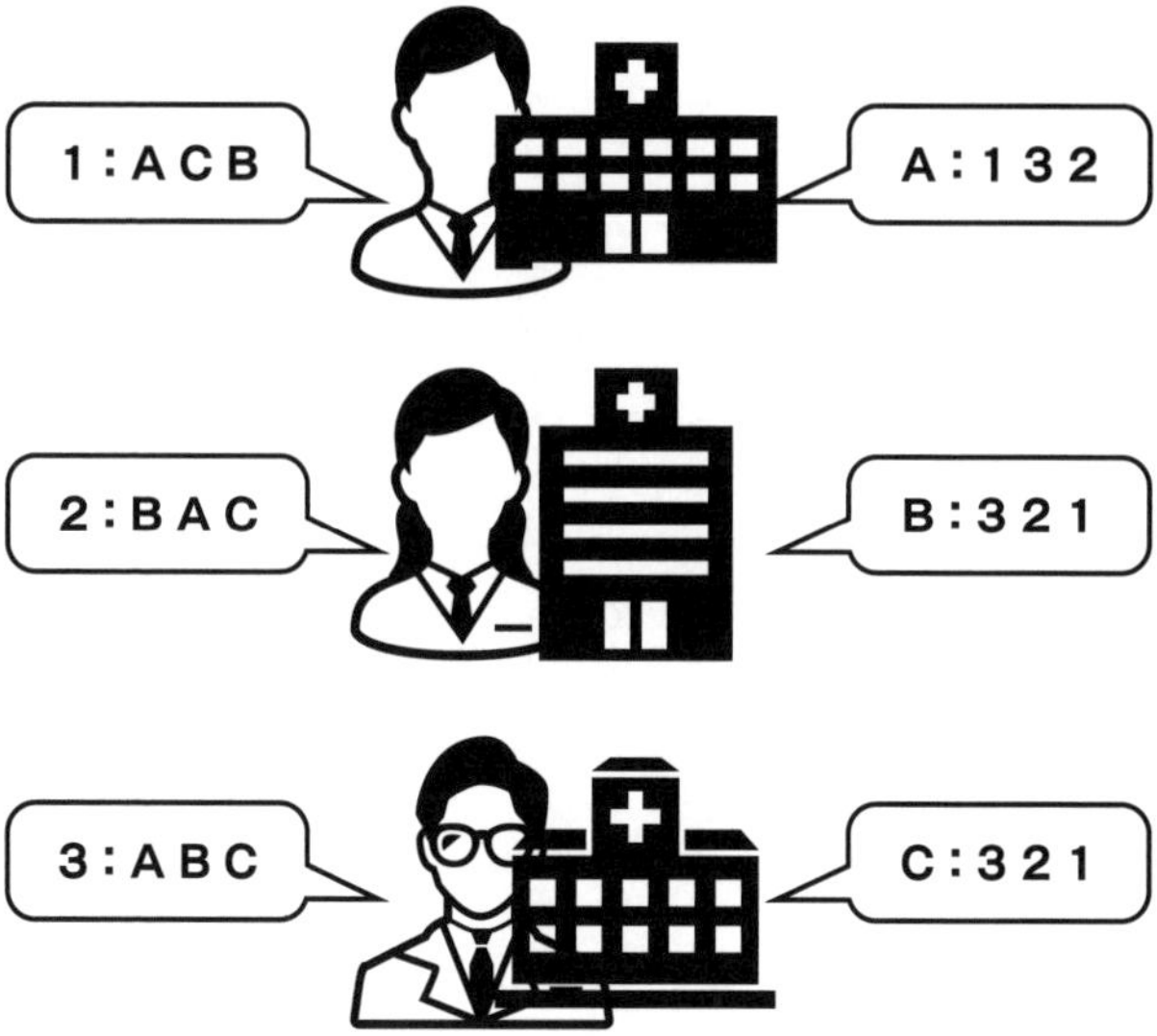

つまり研修医3は「こんなところ（C）よりBで働きたい」、Bは「こんなやつ（2）より3を雇いたい」というように、**このペアは両想いです。それにも関わらずその両想いを尊重することに失敗している。**

このような失敗が起こっていない組み合わせ、いわば両思いをきちんと尊重する組み合わせを、「良い」ということにしましょう。

病院と研修医以外で例としてよく持ち出されるのは（異性愛の）男性と、（異性愛）の女性の組み合わせです。さっきみたいに無理やりくっつけると、両想いを尊重し損ねるので、組み合わせからの逸脱が起こります。男女の文脈でいうと、「不倫」が起こるわけです。不倫を悪くいうつもりはないのですが、不倫が起こる組み合わせはうまくできたものではないでしょう。そういう組み合わせを**不安定**だといいます。

ではそうした逸脱が起こらない、安定的な組み合わせはどうすれば見付かるのでしょうか。

何かを見付けたいときに、運任せで見付けるというのは、やり方として頼りないです。偶然に期待して見付けようというわけだから。そうではなく、もっとシステマティックに良い組み合わせを見付けられる方法、つまりアルゴリズムがあるとハッピーです。それがゲールとシャプレーによる**受入保留アルゴリズム**です。

いまの例で受入保留アルゴリズムを使ってみたいと思います。研修医をプロポーズ側にします。

●ステップ1　研修医たちは、いちばん行きたい病院にプロポーズします。1さんはAにプロポーズ、2さんはBにプロポーズ、3さんはAにプロポーズします（図表4-8）。

プロポーズされた病院側はどうするか。

●病院Aは、研修医1と3からプロポーズされました。この病院にとっては研修医1のほうが好ましいので、1のプロポーズを暫定的に受け入れます。1は暫定勝者になります。一方の研修医3は振られます。

●病院Bは研修医2にプロポーズされました。この人だけからプロポーズされたので暫定的に受け入れます。暫定です（図表4-9）。

研修医3は出戻ったわけです。しかしめげません。

●ステップ2　研修医3は次に好きな病院Bにプロポーズします。するとBは「キープ

図表4-8 ステップ1（出願）

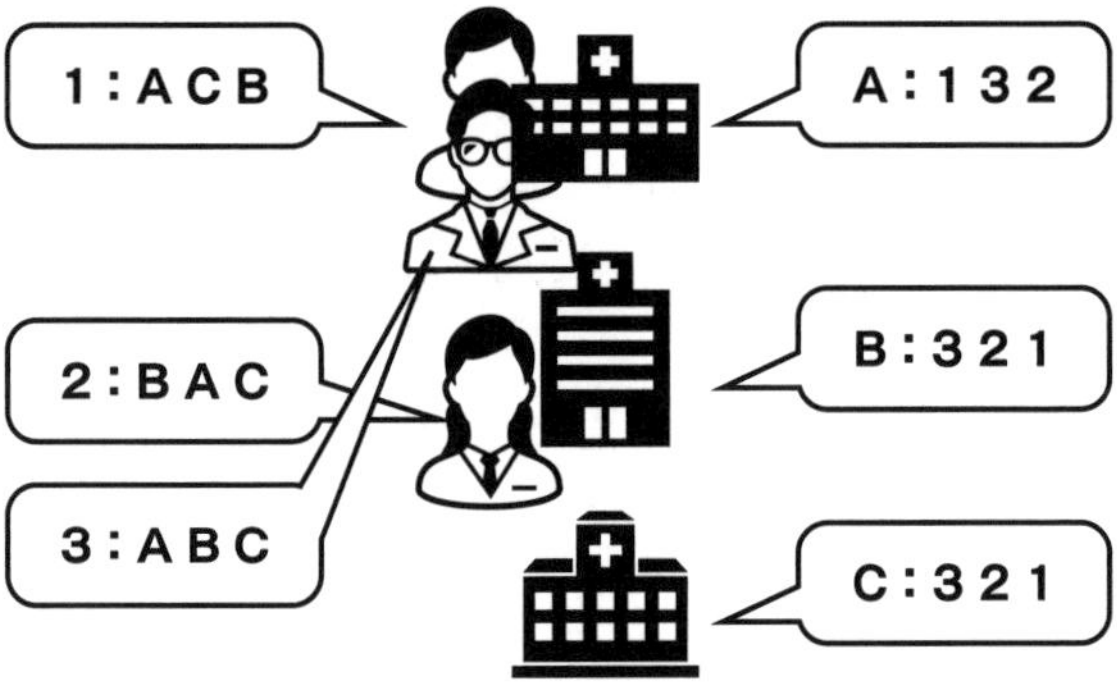

図表4-9 ステップ1（仮受諾と拒否）

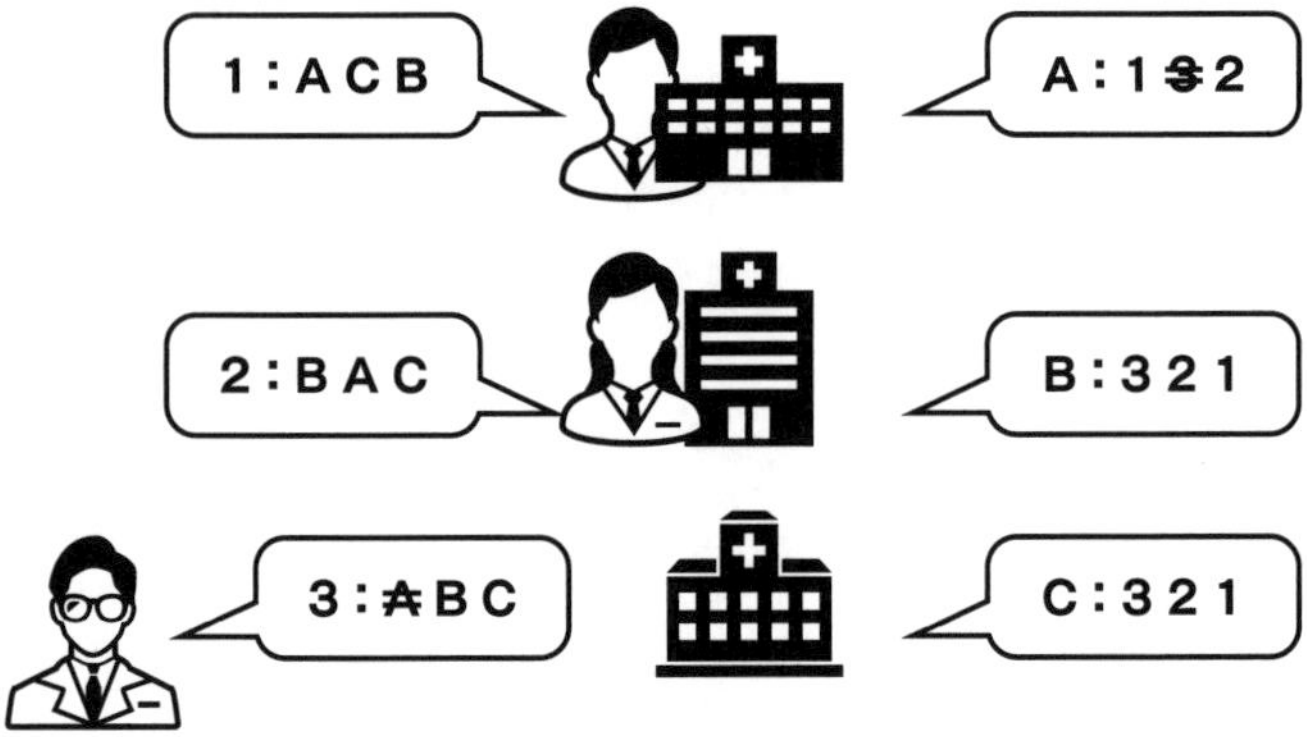

図表4-10　ステップ２（出願）

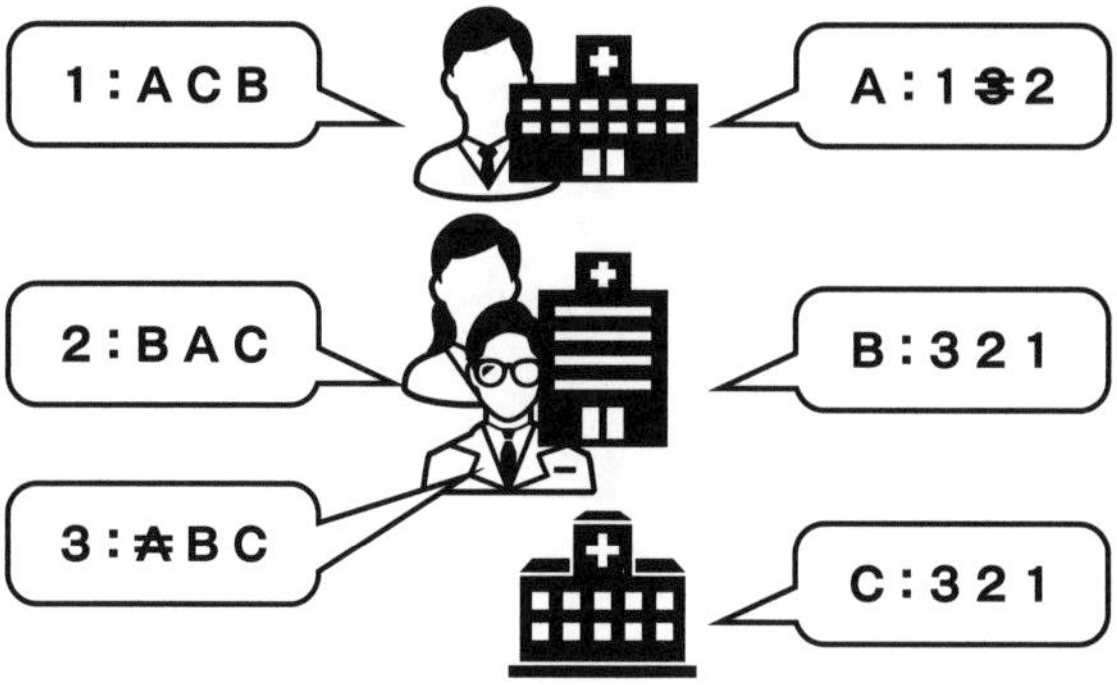

図表4-11　ステップ２（仮受諾と拒否）

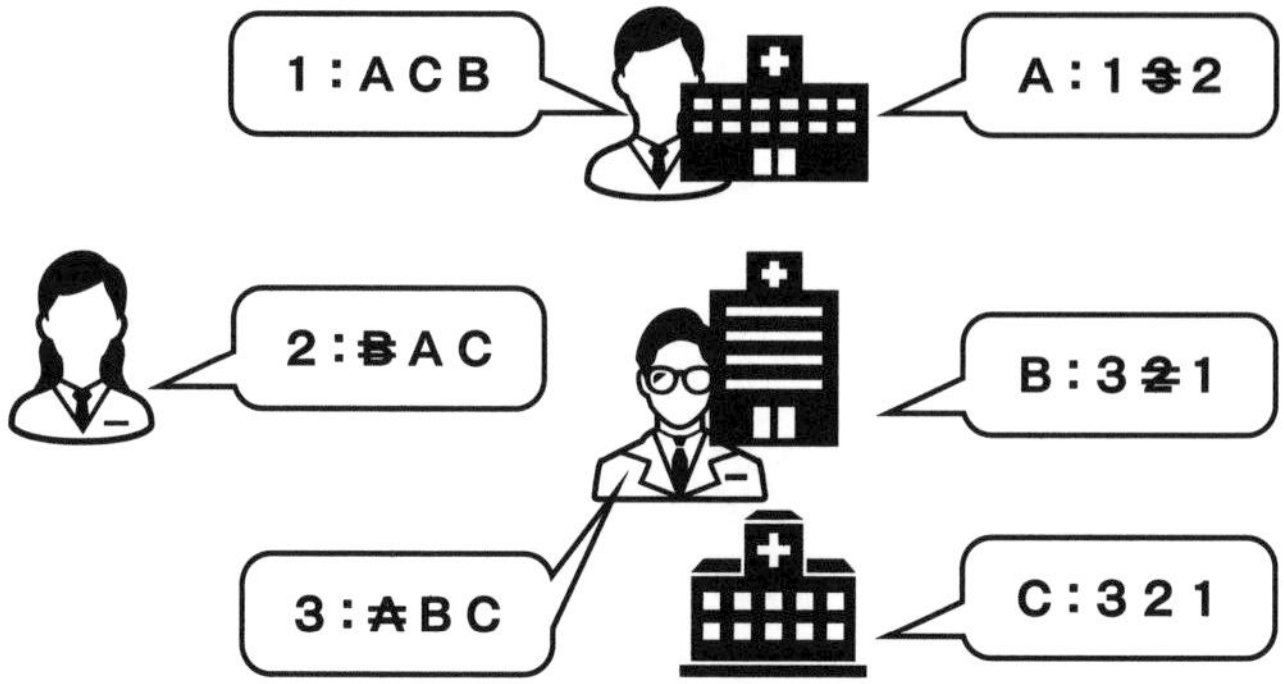

図表4-12 ステップ3（出願）

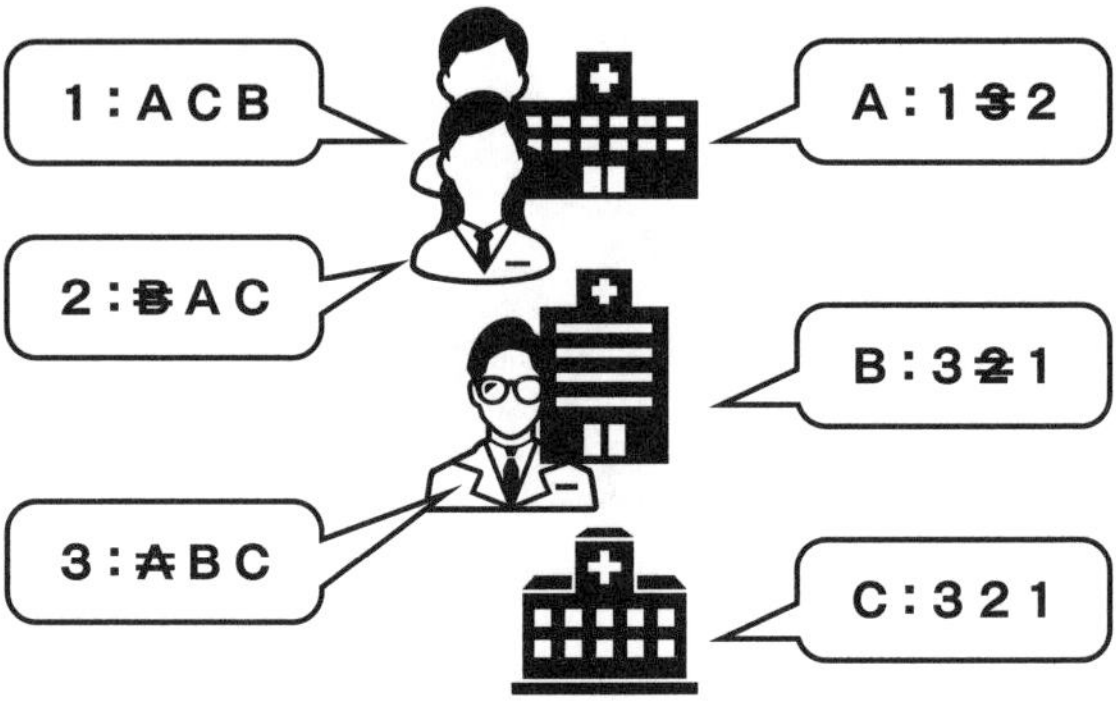

図表4-13 ステップ3（仮受諾と拒否）

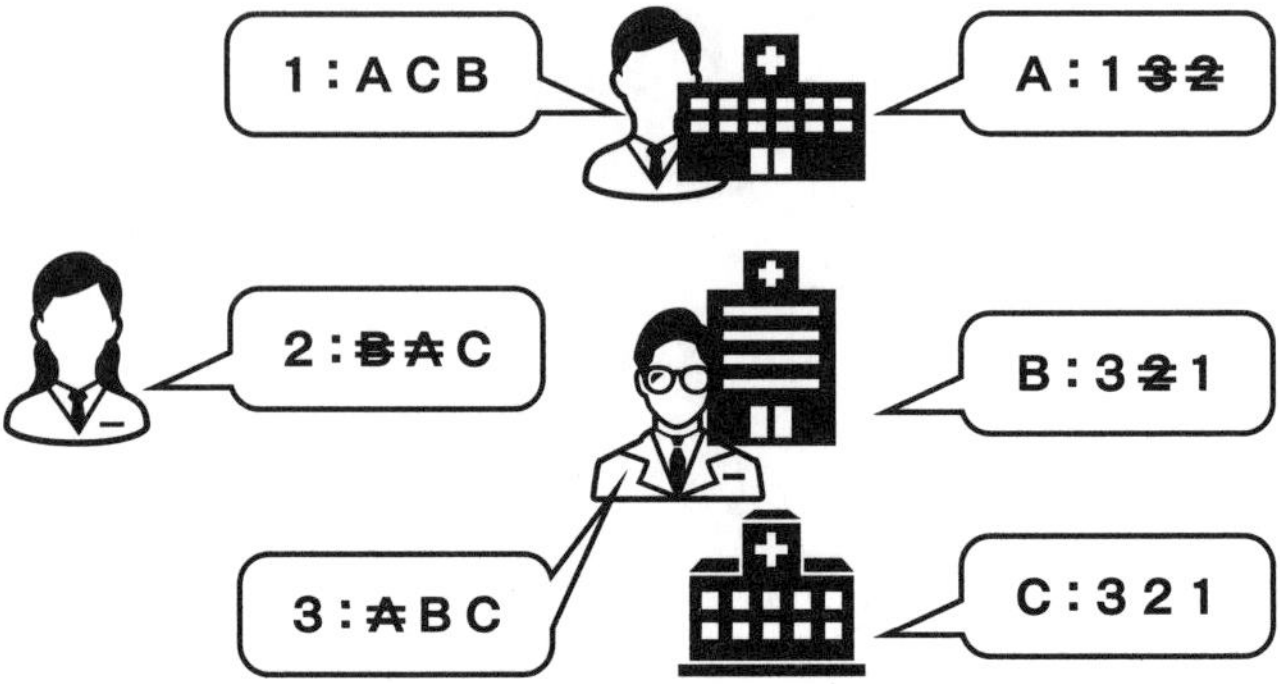

している2」と「新たにプロポーズしてきた3」を比べます。そして、3のほうがよいので、キープを変えます。新しくプロポーズしてきた3のほうが好きなので、暫定勝者を変えるわけです。というわけで2は振られました（図表4-10、11）。

●ステップ3　研修医2は次に好きな病院Aにプロポーズします。Aは2にプロポーズされましたが、べつに嬉しくない。だってキープ中の1のほうが好きですからね。2はまたもや振られます。

●ステップ4　研修医2はCにプロポーズして、Cは2を暫定的に受け入れます。ようやくこの段階で、プロポーズする研修医はいなくなりました。もう新たにプロポーズする人はいないので、これは同時競り上げ式オークションでいうと、すべての競り上げが止まった段階にあたります。ここで組み合わせは確定し、アルゴリズムは停止します。

こうやると、得られた組み合わせでは、不倫のような不安定が起こりません。たとえば、研修医3を見てみましょう。研修医3はBとくっつきましたけど、Bは次善であって、Aのほうがより好きなわけですよね。じゃあAは3と不倫してくれるかというと、してくれない。だってAは最愛の1とマッチできているから。つまり（3、A）のペアは不倫しない。同じようなことが、すべてのペアについて成り立ちます。不倫が全く起こらないから、このマッチングは安定的です。

図表4-14 ステップ4（出願）

図表4-15 組み合わせが確定して終了。このマッチングは安定的。

いまここではシンプルに3人と3人のマッチングを考えましたが、何人と何人の組み合わせでも同じことが成り立ちます。研修医が「この病院にだけには行きたくない」とか、病院が「あいつを雇うくらいなら、誰も雇わないほうがよい」とか、そういう考えをもっていても大丈夫です。それでも必ず安定的なマッチングになる。

あと、これがものすごくいい性質なんですが、どの研修医にとっても正直申告が得です。つまり、行きたい病院から順にプロポーズすることが、必ず得になっている。ぜんぜん「早い者勝ち」ではないんですね。これはアルゴリズム内で、勝者が最後まで確定しないからです。

オークションの回でも出てきましたが、この「正直は最善の策」という性質を耐戦略性といいます。耐戦略性が成り立つので、「あの病院は人気だからプロポーズをやめよう」、「次善の病院からプロポーズしよう」といった行動は得になりません。耐戦略性は数理モデルできちんと定式化されて、受入保留アルゴリズムがそれを満たすことが証明されています。[12]

受入保留アルゴリズムが使えないケース

ボストン市やニューヨーク市で、学生と公立学校の組み合わせを決める学校選択マッチングでは、２０００年代にこのアルゴリズムの採用が決まりました。それに尽力したのは、シャプレーとノーベル賞を共同受賞した、アルヴィン・ロスたちです。ロスは受入保留アルゴリズムを、アメリカの研修医マッチングで実用するのにも貢献しています。

受入保留アルゴリズムを使うには、１つ注意が要ります。研修医が病院に、病院が研修医に対して、希望順をある程度きちんと付けられねばなりません。

私の職場の慶應義塾大学経済学部では、学部生は3年次になる前に、ゼミ選考がありま す。そこで受入保留アルゴリズムが使えたらいいんですが、難しそうです。ゼミ生を選ぶ教員は、だいたい70人くらいいます。一方の学生は、一学年１２００人くらいいます。それでは、それぞれの教員が１２００人の学生に希望順を付けられるかというと、これは現実的には無理です。なんせ学生はそれぞれ個性があるし、ゼミとの相性もあるから、いちいち面接して細かく希望順を作ると、ものすごい手間暇がかかってしまいます。

私の経験では、志願者が30人くらいでも、細かく順序付けるのは困難です。ただ、それは個性や相性を見ようとするからであって、成績順だけで順序を付けるならできます。たとえば各人が受けた科目の平均成績で、上から順に並べたらいいからです。これをしたいかどうかは、価値観の問題です。私自身は成績だけでの順序付けはやりたくありません。個性や相性は大事ですし、成績順といっても学生によって取る講義は違うからです。

しかし、成績だけで順序を付けるなら、ゼミ選考でも受入保留アルゴリズムは使えます。たとえば横浜国立大学経済学部はそうしているようです。また、東京大学は学部マッチングでこのアルゴリズムを使っていますが、やはりそれは成績だけで順序を付けるから使えるわけです。これはもう完全に、選ぶ側の価値観によります。

E　最もよい組み合わせを見付けたいわけですよね。最もよい組み合わせがどんなものか定義できて、その存在さえ示せれば、アルゴリズムがなくてもしらみつぶしにその組み合わせを見付けられるように思います。いまのコンピュータの処理能力なら大丈夫だと思うのですが。

坂井　まず、あるものが存在することと、それを見付けるアルゴリズムが存在するというのは別の事柄です。徳川埋蔵金は必ずどこかにあるとしても、その見付け方が分からないと手に入りません。

しらみつぶしの探索で安定マッチングが見付かるかというと難しいです。かりに研修医が１００人いて病院が１００個あって、１人の研修医が１つの病院で働くとして、組み合わせの数はおよそ10の１５７乗個あります。ちなみに無量大数が10の68乗です。**計算量が爆発しちゃう。しらみつぶしで見付けることには期待しがたいのです。**

研修医と病院の数が小さかったらいいんですが、人数が多い場合もさばきたいですよね。だからここは短時間で安定マッチングを見付けられる、効率的なアルゴリズムがほしいところです。

F　ノーベル経済学賞はそのアルゴリズムを作ったところに偉さを見出したのでしょうか。

坂井　おそらく2つ理由があると思います。

第一に、問題を見付けたことです。ゲールとシャプレーはマッチング理論を創始しました。第二に、仰るとおり、彼らはこの分野で中心的な役割を果たすアルゴリズムまで作りました。両方とも偉大な貢献です。

G　受入保留アルゴリズムというのは、プロポーズの順番に結果が依存するようなことはないんですか。

坂井　ないです。これは実用上、非常に重要なポイントです。プロポーズの順番に結果が依存するようでは、その順番の決め方が大事になってしまいます。でもそれは気にしなくてよいのです。

H　実用しにくい理由として、順序付けのしにくさをあげられていました。先生は学生を成績で順序付けできても、学生は先生にどうやって順序付けするんでしょうか。

坂井　分野や人間的な相性でしょうね。

I　それでも、たとえば70人の先生に順序を付けるのは大変そうです。

坂井　大学の場合でいうと、先生の評判については、それなりに学生間で情報があるものだと思います。そして、学生は全ての教員に対して完全に順位は付けられなくても、たぶん上位10人くらいならできると思います。そうすると、その順序に対して受入保留アルゴリズムが使えます。

J　先ほどの例ですが、研修医２は次々と病院に振られて、結局、一番望まない病院で働くことになりました。あのような人は実際に現れるのでしょうか。何を意図して、あの例を作成されたのでしょうか。いや、架空の例だとは分かるのですが、ちょっと気の毒に思いまして（笑）。

坂井　意図としては、受入保留アルゴリズムがもつ競争性を伝えることですね。あれは早い者勝ちではなくて、実力が試されるアルゴリズムなわけです。だってアルゴリズムの途中で、研修医が病院にキープされても、それは暫定的なものにすぎない。後で別の研修医がやって来て、そいつに負けて振られるかもしれない。その特徴を伝えるために、気の毒な研修医２を入れました。現実的にそのような人が現れるかは分かりませんが、理論的には現れうる、とは言えます。

K　どういうときに「病院に振られまくる研修医」が現れるか、何か分かりますでしょうか。

坂井　ひとつ言えるのは、すべての病院が同じ、あるいは似た好みをもっていたら、そういう研修医は現れやすくなるはずです。だって、ある病院が嫌う研修医は、他の病院も嫌うわけだから。

好みの多様性って大切なんですよ。蓼食う虫も好き好きと言いますが、皆が同じものを求めたら、ハッピーになれるのは一人だけです。人々の好みが分散していたら、奪い合いは起きないんです。

L　受入保留アルゴリズムと同時競り上げ式オークションが似ているという話がありました。両者は何らかの意味で、同じやり方なのでしょうか。

坂井　結論からいうとイエスです。同時競り上げ式オークションは、持参金をもってプロポーズするときの受入保留アルゴリズムみたいなものです。病院は、お金を一番多くもってきた研修医を暫定勝者にするというような。一度振られた研修医でも、もっとお金を積んだら再チャレンジできて、暫定勝者になりえる。

オークションというのは、人とモノを、お金で媒介するマッチングなんです。経済学には「契約付きマッチング」という一般的なモデルがあって、そこでは同時競り上げ式オークションと受入保留アルゴリズムは統一的に「一般化受入保留アルゴリズム」として扱われています。[13]

ちなみにその一般的モデルで、「安定的な組み合わせを導き、しかも正直な行動が得になる方式」は、その一般化受入保留アルゴリズムだけだと証明されています。それ以外には1つもありません。詳しくは僕の論文に書いてあります[14]（笑）。

1000部屋以上のマンションをオークション

今日は長くオークションのビジネスをやっている今井さんに、過去の試行錯誤を教えていただきたいと思います。

今井　坂井さんのお話に、同時競り上げ式オークションが出てきました。実は私は、当社の母体であるＩＤＵという会社にいたときに、これと少し似たやり方で大規模なオークションをしたことがあります。これはオンラインでやりました。

２００３年から04年にかけてのことです。当時ダイア建設という会社があって、その会社が保有していた区分所有マンション等を1229件、売らせていただいたんです。買い手が決まったのはそのうち1096件です。当時IDUの社員は30人ほどでした。

同時競り上げ式だとすべての物件を同時にオークションして、同時に終わります。私たちはそのようにはやりませんでした。オークションで1229件の買い手が見つかったとして、その後の手続きを30人ではさばけないと思ったんです。

そのときは「一週間ルール」というものを考えました。これは入札があり、その後新たな入札が一週間なかったら、そこで終了して結果を確定させてしまう。最終日を待たずに、早く切り上げちゃうわけですね。

もう1つは「10分間ルール」です。最終日の締切時間には、最後の入札がなされてから10分間はオークションを開いておくんです。そうすると締切時間ギリギリに入札が殺到するのを防げます。

坂井　この1229件のオークション、よくやりましたよね。**マザーズ・オークションの話を聞くと、よくこんな大規模な実験みたいなことをやったなあと思います。**これをやった人たちは何を考えていたんですか。

今井　自分たちとしては、よく分からないなりに、やってみたい気持ちが強かったと思います。昔アメリカの不良債権処理で不動産オークションがあって、それを真似た面もあります。あとは当時インターネットが普及し始めた頃だったので、オンラインでオークションをやってみたかったんですね。

当時、そんなにたくさんオークションの情報があったわけではなくて、本や資料を探し回りました。私たちは当時周波数オークションのことは全く知りませんでしたし、オークション理論なんてものがあるとも知らなかったです。いま坂井先生と色々話していくと、自分たちの過去のやり方は、意外と学術的にできていた部分と、そうでない部分があったなあと思います。

M　アメリカに不動産オークションの事例があったんですか。

今井　1990年代にアメリカは不良債権の処理のため、不動産のオークションをやっていたんです。当時ケネディ・ウィルソンという会社があって、そこがオークションで1円でも高く売ろうとやっていました。だめになった債権でも、1円でも高く回収しようということです。

M　１０００件以上の契約は大変だったと思いますが、どのようなご苦労があったのですか。

今井　当時はいまみたいにＩＴ技術が進んでなかったので、説明や契約、決済などで何度も人と会う必要がありました。競り落としたお客さんは全国にいましたから、日本中を飛び回りました。当時はブラック職場で、家に帰れないこともしょっちゅうありましたね。

いや、これ本当に大変だったんですよ（笑）。

ダイア建設は東京にあって、そこの物件を売る私たちも東京にいました。しかし物件は北海道にあって、買う人が九州に住んでいるなんてことがあるわけです。いったいどこでどう決済をすればよいのか。

いまではオンラインでできることでも当時は法務局に行かねばならないこともあって、我われもお客さんもかなり手間取りました。オークションをやる前には、なんとなく「物件の近くに住んでいる人が買うんだろうな」と思っていたんです。でもそんなことはなくて、全国ばらばらの人が買ってくださいました。その分、我われとしては移動に、時間や費用がかかりすぎました。

N　名古屋から来ました。私はＩＤＵさんのオークションのお手伝いをしたことがあります。いま思うと、当時の不動産オークションは、入札者に十分な情報をお渡しするのが難しかったように思います。現物を見ないでオークションに参加される方が多いからです。情報の公開や透明性が大切なのかなと思います。

今井　そうですね。できるだけ多くの情報を正確にお伝えする、というのがいまの我われの方針です。やはり安心してもらえないと入札してもらえませんから。

O　1週間入札がなかったら期限前でも終了にする「1週間ルール」と、期限後は10分間入札がなかったら終了にする「10分間ルール」。１２２９件のなかで、これらを適用した割合の情報なんかはありますでしょうか。

今井　当時の資料はもう残っていないんですね。なんとなくの感覚値でいうと、落札されたもののうち、５割強に1週間ルールが適用されて、２割くらいに10分間ルールが適用された感じです。

O　いま同じように1000件のオークションってできますか？

今井　知見を蓄積した今なら、ある程度の人繰りさえつけば、1000件でもできる気はします。

O　決済までですか？

今井　はい、いまだとどこで苦労するかが細かく分かっているから、ITのセッティングと最低限の人さえいればできると思います。

昔の苦労は、懐かしくもありますね。ぜんぜん割に合わない物件もやっていたんですよ。バブル期に建てられた新潟県のリゾートマンションで、毎月の管理費や修繕積立金はかかるけど、売値は20万円とか。宅建法上で仲介手数料が5％ですが、20万円の5％って1万円ですよ。新潟に行って戻ってきたら、交通費で消えるというような。移動のコストが高いというのは、昔の取引での大きなネックでした。いまはITが普及しているので、昔よりずいぶんやりやすくなったと思います。

そろそろちょうど良い時間ですかね。いったんここでお開きにしたいと思います。21時まで会場は開いていますので、お時間ある方はご歓談していってください。後ろにコーヒーを用意しています。今日はどうもありがとうございました。

〈拍　手〉

---

11 Milgrom, P. (2004) *Putting Auction Theory to Work*, Cambridge University Press.

12 Roth, A. E. (1984) "Misrepresentation and stability in the marriage problem" *Journal of Economic Theory*, Vol. 34.

13 Hatfield, J. W. and Milgrom, P. R. (2005) "Matching with Contacts" *American Economic Review*, Vol. 95-4.

14 Sakai, T. (2011) "A note on strategy-proofness from the doctor side in matching with contracts" *Review of Economic Design*, Vol. 15.

第5章

マッチング

――部屋、臓器、専門家

今井　定刻19時になりましたので、オークション・ラボを始めさせていただきたいと思います。私たちは普段デューデリ&ディールという会社で不動産のオークションをやっています。この会場はそのオフィスというか、サロンです。２０１８年より坂井先生とオークション理論の活用に取り組んでいます。経済学のビジネス活用に関心ある方と交流したいということで、この会をやっています。最近はウェブ上でマッチングのサービスが続々と出てきており、今日はマッチングをテーマとして選びました。

坂井　こんばんは、坂井です。私は大学で働きながら、こちらの会社で不動産オークションに携わっています。オークション・ラボではより広く、経済学のビジネス活用を皆さんと考えていきたいと思っています。よろしくお願いします。

オークション理論やその周辺の分野、たとえば今日扱う「マッチング理論」は非常に実用性の高い分野です。残念ながら日本は、まだオークション理論やマッチング理論の知識をビジネスで活用する機運が高まっていません。米国や中国はその辺りの熱意が高いのですが。でもその分、日本は国内での先行者利益が得られる段階にあると考えています。

今日はまず「学生寮の部屋の交換」というマッチング理論の話をします。そこで大変強力にはたらくTop Trading Cycleアルゴリズム、通称TTCアルゴリズムを解説するつもりです。その後マッチングのビジネスについて、株式会社エスクロー・エージェント・ジャパンの成宮正一郎さんにお話を伺いたいと思います。

学生寮の部屋の交換

いま学生寮を考えてみてください。寮の部屋はそれぞれ仕様が違います。方角や、広さや、館内での場所や、家賃などが違います。どんな部屋を好むかは人により異なります。たとえば方角でいうと、多くの人は南向きを好むかもしれませんが、蔵書が多い人は北向きを好みます。南向きの部屋はすぐ本が陽に灼けるからですね。大学だと、文学者や歴史家は北向きの研究室を好む人が多い（笑）。

一般に学生を「学生ｉ」と呼んで、学生ｉの住んでいる部屋を「部屋ｉ」と呼ぶことにします。学生たちは、必ずしも自分の部屋を最も好んでいるわけではありません。寮には寝に帰るだけだからもっと狭くてよい、本が灼けるのが嫌だから北向きの部屋がいいとか、それぞれで思っているわけです。そこで、皆で集まって部屋を交換しようという状況を想像してみてください。

そういった状況で、皆でどう部屋を交換すればよいのでしょう。

ただし、ここでは誰も、自分の意に沿わない交換には応じなくてよいことにしましょう。要するに、いまより嫌な部屋は拒否できるというわけです。

パレート改善

いま、それぞれの学生は図表5－1にあるように部屋への順序付けをもっています。たとえば学生2は好きな順に「部屋3、部屋4、部屋2、部屋1」です。そして学生2は、もともとは部屋2に住んでいます。ここでどんなふうに人と部屋を組み合わせたらいいでしょうか。

学生への部屋の割り当てを**配分**と呼びましょう。こういう配分はどうでしょうか。X＝(3、2、4、1)です。

図表5-1 最初の配分

	1位	2位	3位	4位
学生1	4	3	2	①
学生2	3	4	②	1
学生3	2	4	1	③
学生4	3	2	1	④

図表5-2 配分X

	1位	2位	3位	4位
学生1	4	③	2	1
学生2	3	4	②	1
学生3	2	④	1	3
学生4	3	2	①	4

このX＝（3、2、4、1）は人々の満足度をうまく高められていません。そこでたとえばXからY＝（4、3、2、1）に移ると、学生1と2と3はもっとハッピーになれますよね。しかもXからYへの移行では、学生4の部屋は変わっていない、つまり誰ひとり損はしてないわけです。

このように、誰も損をさせることなく、誰かに得をさせられる移行を、経済学では**パレート改善**といいます。配分Xから配分Yへの移行はパレート改善です。

配分Yはよさそうな配分ですね。でも「よい」とは何でしょう。

次のZ＝「4、2、1、3」を見てみましょう。

先ほどの配分Yのほうが、配分Zより「よさそう」に見えると思います。でもこれはパレート改善ではない。配分Zから配分Yに移ると、学生2と3はハッピーになれますが、学生4はアンハッピーになります。誰かは得をするけど誰かは損をするということで、YとZは互いにパレート改善の関係にありません。

つまり仲裁者としてYとZのどちらを選ぶかは、誰をハッピーにして誰をアンハッピーにするかという問題をはらみます。皆の利害は一致してないからです。

ここで両者を区別する基準を1つ入れてみましょう。仲裁者が「この配分でいこう」と

図表5-3 配分Y

	1位	2位	3位	4位
学生1	④	3	2	1
学生2	③	4	2	1
学生3	②	4	1	3
学生4	3	2	①	4

図表5-4 配分Z

	1位	2位	3位	4位
学生1	④	3	2	1
学生2	3	4	②	1
学生3	2	4	①	3
学生4	③	2	1	4

提案したとき、「いや、それならうちらだけで交換します」と離反が起きないことです。配分Zにはそうした離反が起こりえるのです。

配分Zでの学生2と3に注目してください。学生2は部屋3が一番好きですし、学生3は部屋2が一番好きです。だからこの人たちは、仲裁者が配分Zでいこうと言っても、「いや、それならうちらだけで交換します」となるわけです。その意味で、配分Zは実現しにくいものです。この点、配分Yは、そもそも学生2に部屋3を、学生3に部屋2を割り当てているので、そういう離反は起きません。

この配分Yのように、「いや、それならうちらだけで交換します」と離反が起きない配分を、**強コア配分**といいます。

いま学生4人の例で話を進めていますが、これだけでも色々と考えることがあるわけです。人数が多くなると、話はさらに難しくなります。組み合わせのパターンが膨大な数になるからです。

名案求む

いま、寮には7人の人たちが住んでいます。7人で部屋を交換しようと集まっています。各自の部屋への順序付けは表のとおりです。たとえば1さんは好きな順に「5、6、7、1、2、3、4」、2さんは好きな順に「3、4、5、6、7、1、2」です（図表5-5）。

ここで、どういうふうに部屋を組み替えたらいいでしょう。どなたか名案はありませんか。名案じゃなくてもOKです（笑）。

A　名案かどうかは分かりませんが、とりあえず学生1、4、5だけで交換させたらいかがでしょう。というのは、学生1は部屋5を、学生5は部屋4を、学生4は部屋1を一番好んでいるから。先ほどの「いや、それならうちらだけで交換します」を尊重すると、こうしてあげるべきだと思うのです。

坂井　ああ、名案です（笑）。学生1と4と5は、この人たちだけでハッピーな交換ができますよね。他の人たちはどうしましょう。たとえば2さんはどうしましょう。

A　2さんは3と交換。

坂井　3さんはどこへ行きましょうか。

図表5-5 7人の例

人名/部屋への順位	1位	2位	3位	4位	5位	6位	7位
1	5	6	7	1	2	3	4
2	3	4	5	6	7	1	2
3	4	5	2	7	1	3	6
4	1	2	3	4	5	6	7
5	4	5	2	3	6	7	1
6	7	1	2	3	4	5	6
7	1	7	4	5	6	3	2

A　3は2さんと交換すればよいと思います。

坂井　なるほど。6さんはどうしましょう。

A　6さんは元の部屋6にいてもらいます。

坂井　7さんは？

A　7さんもそのまま、元の部屋7にいてもらう。

坂井　となると結果の配分は図表5-6のようになりますかね。X＝（5、3、2、1、4、6、7）です。えーと、うーん……

会場　？

図表5-6 **配分X**

人名/部屋への順位	1位	2位	3位	4位	5位	6位	7位
1	⑤	6	7	1	2	3	4
2	③	4	5	6	7	1	2
3	4	5	②	7	1	3	6
4	①	2	3	4	5	6	7
5	④	5	2	3	6	7	1
6	7	1	2	3	4	5	⑥
7	1	⑦	4	5	6	3	2

坂井　いや、私は10年以上、授業や講演でこの例を使って「名案ないですか」ってやっていますが、この答えが出たのは初めてです。えーと、この答えが出ないと思ってこの後の話を用意していたので、困りますね。えーと、どうしよう。そうですね。すごいですね、よくこんなもの見付けますね（笑）。

よく聞く答えは配分Y＝（6、3、5、2、4、7、1）なんですよ。どの学生も、各自にとっての2位以内の部屋に住まわせる配分です。良さそうでしょう？

配分Yは非常によく出来た組み合わせなんですが、これだと学生1と4と5が「いや、それならうちらだけで交換したほうがいいや」と邪魔が入ってしまいます。

B　配分Yのほうが公平な気はします。

坂井　ええ、皆の満足が高まっていそうですものね。しかしこれには邪魔が入ってしまう。邪魔が入らず人々に受け入れられることを追求すると、配分Yはダメで、配分Xになるということですね。配分XがYより実現しやすいというわけで、倫理的に優れているという意味ではありません。

図表5-7 配分Y

人名/部屋への順位	1位	2位	3位	4位	5位	6位	7位
1	5	**6**	7	1	2	3	4
2	**3**	4	5	6	7	1	2
3	4	**5**	2	7	1	3	6
4	1	**2**	3	4	5	6	7
5	**4**	5	2	3	6	7	1
6	**7**	1	2	3	4	5	6
7	**1**	7	4	5	6	3	2

ただ一つの解

このXという配分ですが、ではこの配分でいこうというときに、いま申した意味での邪魔は決して入りません。そしてそういう配分は、他に1つもないのです。

いまの例だとうまくXが見付かりましたが、常に見付けられる方法はあるでしょうか。たとえば人が１００人、部屋が１００個あったらどうですか。見付けられますか。

７人だと配分の数は、７の階乗で

７！＝７×６×５×４×３×２×１＝５０４０個です。

これが１００人になると、１００の階乗で

１００！＝１００×99×98×…×２×１

で、この数はおよそ10の１５７乗になります。宇宙に存在する原子の量よりはるかに多い。

これだけ無数にある配分のなかで、強コア配分はただ１つしかないのです。それをどう

やって見付けるか。いったいそんな方法はあるのか。

7人だったら賢い人が頑張ったら見付けられるでしょう。でも100人だと、もう人間の目や頭ではわかりません。ですから、こういう問題一般を解くアルゴリズムがほしいわけです。そのアルゴリズムに従えば、100人いようが1000人いようが、きちんと強コア配分が見付けられるというような。

それがこれからお話しする**トップ・トレーディング・サイクル・アルゴリズム（TTCアルゴリズム）**です。7人の例で紹介しますが、これが100人でも1000人でも使えるというのは、すぐにお分かりいただけると思います。そして先ほどのAさんによる配分の見付け方は、まさにこのTTCアルゴリズムそのものです。

●［ステップ1］　各人は自分の一番行きたい部屋を指さします（図表5－8）。

ここで僕たちはサイクルを見付けようと思います。あった、これです。1から5、5から4、4から1、これが1つの輪っかになっています。サイクルがあるときは、サイクルに従って交換させてあげます。

そうすると1さんは5に住む、5さんは4に住む、4さんは1に住むことになる。これ

図表5-8 ステップ1

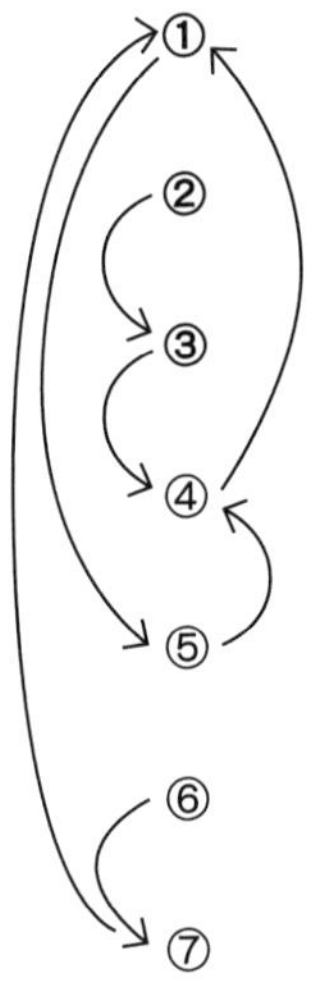

	1位	2位	3位	4位	5位	6位	7位
①	5	6	7	1	2	3	4
②	3	4	5	6	7	1	2
③	4	5	2	7	1	3	6
④	1	2	3	4	5	6	7
⑤	4	5	2	3	6	7	1
⑥	7	1	2	3	4	5	6
⑦	1	7	4	5	6	3	2

①→⑤→④→①のサイクルがあるので学生1は部屋5、学生5は部屋4、学生4は部屋1をそれぞれ得る。

で学生1と4と5については割り当てが終了です。新しい部屋に帰ってもらってバイバイ。

●［ステップ2］　各人は、いま残っている部屋のなかで、一番行きたい部屋を指しますす（図表5-9）。

学生2と3のサイクルがありますね。これに従い、学生2は部屋3に、学生3は部屋2を得ることにしましょう。

もう1つ、学生7は自分を指しています。これはこれでサイクルなので、学生7は部屋7を得ます。これは「セルフマッチ」といいます。微妙に悲しい響きのある言葉ですが。

まだ終わりません。

学生6が残っているからです。学生6は残っている部屋のうち一番好きな部屋――といっても部屋6しか残っていませんが――を指します。セルフマッチですね。学生6は部屋6に住み続けることになります（図表5-10）。

これにてすべての学生がどこかの部屋を得ました。実現したのは配分X＝（5、3、2、1、4、6、7）です。

図表5-9 ステップ2

	1位	2位	3位	4位	5位	6位	7位
②	3	4	5	6	7	1	2
③	4	5	2	7	1	3	6
⑥	7	1	2	3	4	5	6
⑦	1	7	4	5	6	3	2

②→③→②のサイクルがあるので学生2は部屋3を、学生3は部屋2を得る。⑦→⑦のサイクルがあるので学生7は部屋7を得る。

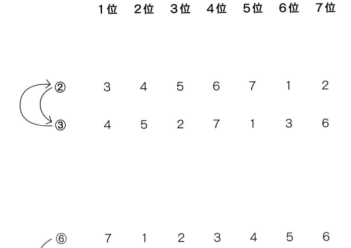

図表5-10 **ステップ3**

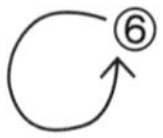

	1位	2位	3位	4位	5位	6位	7位
	7	1	2	3	4	5	6

⑥→⑥のサイクルがあるので学生6は部屋6を得る。

ＴＴＣアルゴリズムで得られた配分は、どのような邪魔も入らない強コア配分となっています。いまの例だけではなく、人が何人いても、誰がどんな好みをもっていようとそうなります。

天才デヴィッド・ゲール

ＴＴＣアルゴリズムを考案したのはデヴィッド・ゲールです。前回（第４章）お越しいただいた方は彼の名前を覚えているかと思います。

こういう組み合わせのサイエンスを最初に作り上げたのがゲールとシャプレーです。彼らが１９６２年に画期的な論文を発表して、マッチング理論が生まれました。

その後シャプレーはスカーフという数理経済学者と一緒に寮の部屋の交換のような問題を考えます。その論文が１９７４年に公刊されたのですが、そこにゲールの考えたＴＴＣアルゴリズムが載っています。

何だか変でしょう。シャプレーとスカーフの論文に、ゲールのアルゴリズムが載っているんです。しかもそれが画期的なアルゴリズム、大発明なんです。

もともとシャプレーとスカーフは、ＴＴＣアルゴリズムなんて思いついてなかったんです。ただ、彼らは複雑な方法で強コア配分が存在することを示しました。それだって十分すぎるほどすごいんですよ。

シャプレーはそのことをゲールに話したんだそうです。寮の部屋の配分という新しい問題を考えて、しかもそこでコアが存在することを発見したのだと。

シャプレーもスカーフも、紛れもなく天才的な学者です。ところがゲールは超天才なんですね。僕自身はゲールと喋ったことはありません。でもゲールとたくさん喋った人とは、たくさん喋ったことがあって（笑）、そういう人に話を聞くとゲールは別格の天才だと仰います。

ゲールは、シャプレーから話を聞いて、わりと簡単にＴＴＣアルゴリズムを発見したそうです。なるほど、お前たちは強コア配分が存在することを示したのだな、俺はたんに存在するだけでなくて、その見付け方を作ったよということです。

あくまで伝聞ですが、シャプレーはそれに対しては、けっこうショックを受けたそうです（笑）。でもゲールは「お前らの論文に載せていいよ」としたわけですし、気前がいいですよね。まあなんというか、**私から見ると神々の世界の話です。**

このあたりの段階では、マッチング理論は面白い数学パズルを解くような分野でした。経済学の中で存在感は薄かったのです。なんせ寮の部屋の配分って、問題として小さいというか、財政や金融といった大きな問題と比べると見劣りしますものね。

トルコの異才たち

だから寮の部屋の配分問題は誕生以降、長いあいだ軽視されてきたというか、注目されていませんでした。それにあるとき転機が訪れます。

転機を与えたのがAtila AbdulkadirogluとTayfun Sonmezです（とスクリーンに文字を映す）。後者はタイフン・ソンメスですが、前者は読めますか。

C　アティラ……アブドラ……？

坂井　アブドゥルカディログル（流暢に）

C　おおー（会場笑）

坂井　フフフ、この方はトルコ出身の方です。昔、私はトルコの友人に稽古をつけてもらったことがありまして、それでよどみなくアブドゥルカディログルと言えるようになりました（笑）。

マッチング理論で学会発表しようとしたら、この名前は正しく発音できねばなりません。ちなみに計量経済学だとHeteroscedasticity（ヘテロスケダスティシティー）が発音できねばならないと、何かの本に書いてありました。今後、アブドゥルカディログルは、ファーストネームで「アティラ」と呼ばせてもらいます。それに合わせて、ソンメスは「タイフン」と呼びます。ちなみにタイフンとは台風という意味です。

話を進めましょう。

アティラとタイフンの着想は変わっているんですよ。シャプレーとスカーフの論文を読んだとき、「この寮の部屋の交換問題を、どうにか不動産市場を扱えるように拡張できないか」と通常の経済学者は考えるものなのです。だって不動産市場は規模が大きな、重要な分析対象ですから。

しかし彼らはそんな凡庸な発想はしません。「これを寮の部屋の交換に本当に使えるように深化させよう」と発想したのです。いまではこういう発想はそう珍しくないのですが、1990年代当時には相当ラディカルだったはずです。

実用のために新入生や空き部屋をモデルに組み入れようとアティラとタイフンは考えます。シャプレーとスカーフの基本モデルには、新入生はおらず、空き部屋はありませんでした。どの学生も既存の住人で、すでに1つの部屋をもっています。

新入生とは、そのような部屋をもっていない学生です。また、退寮者もいるなら、空き部屋があるはずです。新入生と空き部屋も扱えるようにしないと、TTCアルゴリズムは使えないのではなかろうか。

アティラとタイフンは、新入生と空き部屋もモデルに組み入れて、TTCアルゴリズムの拡張を考案しました。その論文"House Allocation with Existing Tenants"が名門誌*Journal of Economic Theory*に掲載されたのが1999年のことでした。

余談ですが、アティラとタイフンは私の兄弟子にあたります。我われはロチェスター大学の、ウィリアム・トムソンという先生の弟子なんです。私が留学していたときは、すでに2人とも博士号を取り終えてロチェスターを離れ、別の大学で助教授として働いていました。学界では当時から将来を期待されていた人たちですが、いまや紛れもない大スターです。

腎臓ドナーを交換

アティラとタイフンは「新入生や空き部屋があるときの、学生寮の交換問題」を定式化し、その問題を解くアルゴリズムを開発しました。この研究は思わぬ方向に発展します。当時すでにマッチング理論の大家だったアルヴィン・ロスが「あ、これ、腎移植マッチングに使えるじゃないか」と気付いたのです。

これはどういう問題か。重い腎臓病の患者と、その人に腎臓を片方あげたいドナーがいるとします。人間には腎臓が2個あるからそういうことができる。ところがいま、そのドナーの腎臓は、血液型やリンパ球の型などの不適合で、患者にあげられないとします。そのような2人組を、不適合ペアといいます。

しかし不適合ペアが複数いるときは、ドナーを組み替えると移植ができるのです。たとえば「A型の患者、B型のドナー」の不適合ペアと、「B型の患者、A型のドナー」の不適合ペアがいるとして、このままでは二組とも移植ができない。でもここでドナーを交換すると、「A型の患者、A型のドナー」と「B型の患者、B型のドナー」という二組の適合ペアができあがります。

患者が学生で、ドナーを部屋と見立てれば、TTCアルゴリズムがそのままここで使えます。いまの部屋（ドナー）には住めなくて、新しい部屋を探す学生（患者）というような。ただし腎移植の文脈だと、ドナーをもたない患者や、与える患者が決まっていない脳死者の腎臓があったりします。そして「ドナーをもたない患者＝新入生」、「与える患者が決まっていない脳死者の腎臓＝空き部屋」と見立てられます。

つまりアティラとタイフンが拡張した寮の部屋の交換問題は、現実の腎移植マッチング問題を解くのに使えるわけです。

これが理論のよさですね。一般性が高いので、ある問題と同じ構造をもっている別の問題は、同じように解ける。「たかが学生寮の交換問題」ではないわけです。それがうまく解けることで、他の問題も解けるようになる。ただしそのような他の問題がどれほどあるのか、どこにあるのかは、最初の段階では誰にも分かりません。

シャプレーとスカーフの論文からおよそ30年後、ロスとタイフン、そしてウトゥク・ユンヴェルは２００４年に「腎臓交換」という論文を公刊しました。[15] ユンヴェルもやはりトルコ人です。この研究が１つのきっかけとなって、いまアメリカでは実際に腎移植マッチングの制度が誕生しており、患者とドナーの組み換えを行っています。

このように、マッチング理論は問題にはまると、すごく活用できます。もし皆さんの周りで何かＴＴＣアルゴリズムのようなものが使えそうな状況があったら、ぜひ当てはめてみてください。そういうときに相談していただいたら、何かお手伝いできるかもしれません。
それと、ここで強調しておきたいのですが、基礎理論がどう発展するかは誰にも分からないものです。だから科学政策では、基礎理論に広く予算をつけるのって本当に大事なんです。これは学問の流れを見ていると、つくづくそう感じるというか、痛感することです。

専門家のマッチング

ここでマッチングの実務の話を聞いてみようということで、株式会社エスクロー・エージェント・ジャパン取締役の成宮正一郎さんに、組み合わせビジネスとその難しさについてお話を伺ってみたいと思います。

EAJ成宮正一郎　皆さんこんばんは。エスクロー・エージェント・ジャパンの成宮と申します。よろしくお願いいたします。今日は「専門家のマッチング」というテーマに関連して、私たちの業務の1つについてお話しします。
私たちは、たとえばネット銀行と司法書士のあいだに入って、ネット銀行が登記を依頼する司法書士の選定業務のお手伝いをしたり、不動産取引の決済や事務を代行したりしています。

東京にあるネット銀行は、全国にいる不動産の買主さんにローンを貸します。そのとき買主さんの地域に、登記のために司法書士が必要になります。ところがネット銀行は、各地域の司法書士で誰がよいかは知りません。我われはネット銀行が登記を依頼する司法書士のマッチング業務のようなことをやっています。

「インターネットの発展は中間業態をなくす」のようなことが言われがちですが、実はインターネットの発展ゆえに、私どものような中間業態が生まれることがあるのです。

ネット銀行は、登記を依頼する司法書士を選定しなければならないのですが、選定では、費用や得意分野、過去の仕事ぶりなどが判断材料になります。そうして選定して、ネット銀行と司法書士が互いに応諾すると、マッチングは成立します。

我われはそうしたマッチング業務を、年間10万件ほど行っています。

士業の先生というのは独立した専門家ですから、専門スキルや諸能力の向上は、個々人によって大いに異なります。向上心の強い方はどんどん成長されていきます。しかしなかには、最低限のことをしていれば仕事がくるとお考えの方も、全くいないわけではありません。そういう方はミスをしやすくなりますし、私どもとしてはネット銀行からの信頼が落ちてしまいます。不動産の登記が典型ですが、司法書士の仕事はミスをしてはならないものが多いですし、かなり立ち入った個人情報を扱います。

そこで、もうちょっと司法書士のパフォーマンスを「見える化」した方が、司法書士にとっても私どもにとってもよいのではないかと思うのです。司法書士にとっては、自分は何が強くて、何が弱いのか。依頼者側としては、誰に仕事を任せると安心なのか。そういうことを表す指標があると便利です。

そこで司法書士のレーティングを作れないかと思っているのです。とはいえどういうレーティングの仕組みを作ればよいのか、それを思案しています。

今井 レーティングとは、評価の指標のことですよね。これ皆さん、どうだったらいいかというご意見ありますでしょうか。先ほどの話から出てきていることも多いので、皆さんのご意見をいただいて、それも含めて坂井先生のご意見も聞いてみたいと思います。

D 専門家を評価する基準は、人によって異なるものなのでしょうか。たとえば、Aさんが選ぶとこの人に、Bさんが選ぶとこの人になるというように。また、そのような属人性は、どの程度あるものなのでしょうか。

成宮　ある程度、皆に共通の基準のようなものはあると思います。過去にミスがないから信頼できるとか、この取引はこの先生が得意だとかですね。そのうえで、属人性というか、選ぶ者の感覚の要素は入りますね。

今井　勘どころみたいなものが混じっているという感じですね。

成宮　そうです。

E　レーティングは最近、タクシー配車のＵｂｅｒとかで、相互に評価するというのがあります。客が運転手を評価するのと同時に、運転手も客を評価するというように。いまお考えなのは、片方だけですか。

成宮　片方だけです。

E　それを双方にしたら、また違った形ができると思うのですが。

今井　司法書士が銀行を評価するということですね。

E　はい。そうした場合にどういう組み合わせになるのかちょっと気になります。それで逆に複雑になってしまうかもしれませんが。

成宮　そういう発想はなかったです。そういうのをやってもよいのかもしれませんが、いまの我われの課題は、司法書士の方々の力量を可視化したいというものです。ありがとうございます。

今井　では坂井さんお願いします。

坂井　お話を伺って、マッチングでは評価を数字で表すレーティングが重要なのだと、強く思いました。Amazonの星の個数とか、食べログの点数みたいなやつ。先ほど私はTTCアルゴリズムの話をしました。そこでは、各人がどの部屋に対してどういう順序付けを持っているか、定まっていました。あれは各人が部屋へのレーティングをできている状態ですね。だからＴＴＣアルゴリズムが使えた。

ところが実際に人間が色々な選択肢に対してうまく順序づけが作れるかというと、作れません。とくに司法書士のような専門家を、非専門家が順序付けるのは難しいでしょう。

腎移植マッチングがなぜマッチング理論にうまくはまったかというと、レーティングが医療的にできるからですね。患者としては、医療的に適合する腎臓ドナーが高レーティングで、不適合の腎臓ドナーは低レーティングと設定すればいい。

マッチング理論がうまく実用されるのは、レーティングがうまくできるところが多いですね。受入保留アルゴリズムは、学生を、ゼミや学部に割り当てる問題でよく使われています。あれができるのは、学生を成績でレーティングできるからですね。

ですから、マッチングサービスにとっては、マッチングのアルゴリズムの設計よりも、レーティングの設計のほうが、より関わる問題なのかなと思いました。

今井　時間的に、あと１つほど質問をお受けできます。

F　レーティングは、ある能力については何点で、別の能力については何点で、というようにやるのでしょうか。

成宮　そうですね、項目を何個か決めて、それぞれに評点のようなことをするのだと思います。

F　ミスをしない以外に、どんなことを重要視されますか。

成宮　価格もですが、ホスピタリティは大事ですね。士業の先生にも、やはりサービス業の要素はありますから。

坂井　まず、この項目は何点、この項目は何点というふうに評点を出します。それらの評点をもとに、1つの総合点を出すのがよいでしょうね。そうしたら司法書士の方も、自分がどの項目をどの程度評価されているか分かりますし。

レーティングは意外と伝統ある研究対象なんです。GDPは国の経済規模のレーティングですし、ジニ係数は社会の貧困度合いのレーティングです。

GDPでいうと、あれをもっと「社会の豊かさ」みたいな基準に変えていきたい、というような議論は1970年代くらいからあります。たとえば教育や寿命などの要素も考慮せよとは長く言われていて、国連開発計画（ＵＮＤＰ）では、それらを組み入れた人間開発指標というものを採用しています。とくに２０１０年からは幾何平均を用いた、かなり洗練された指標を用いています。

どういう指標でレーティングするかというのはとても重要な問題です。悪問だらけの試験問題では、学力を適切に測れません。おかしな指標でよさを測ると、ヘンなものが上位になってしまう。

今井　レーティングの核心に迫るテーマですよね。これはまた、どこかの機会に続きができたらいいなと思います。今日はこの後、しばらく会場を開放しておきますので、どうぞ皆さんご歓談ください。

〈拍　手〉

後日談　ＥＡＪ成宮、坂井、今井らは、レーティング方式の共同研究を開始。すでにレーティング方式の設計は終わり、ＥＡＪはそれを使ったサービスを開始する予定である。ここでの会話で登場した人間開発指標が設計の土台となっている。プレスリリースは以下。

https://assets.minkabu.jp/news/article_media_content/urn:newsml:tdnet.info:20200226469881/140120200226469881.pdf

---

15 Roth, A. E. Sönmez, T, and Ünver, U. (2004) "Kidney Exchange" *Quarterly Journal of Economics*, Vol. 119-2.

現場の人と座談会②

時代が追いついてきた

坂井　今日はお集まりいただきありがとうございます。この座談会では「オークションって何だ？」をテーマに実務家の本音を伺ってみたいと思います。デューデリ＆ディール東京オフィスの方々は、オークションをどんなものだと思っているのでしょうか。

風間輝幸　基本的にオークションとは、シンプルで分かりやすいものだと思っています。私どもは主に競り上げ式でオークションをしていますが、価格が付くプロセスが見えますからね。

これは値札（定価）を付ける売り方と大きく異なる点ですね。不動産は高価な商品ですが、付ける価格は、値付け人によってずいぶん変わってきます。

坂井　たとえば地主さんが土地を売ろうとしたときに、依頼する仲介業者によって付ける価格が大きく変わってくるわけですね。難しいのは、高過ぎる価格を付けると売れないし、低い価格を付けると損をすることですね。価格付けがすごく難しい。

風間　ええ、一般的に、売主さんは高い価格付けをする仲介業者を好みがちです。しかしそれでずっと売れないなんてことは、よくあります。

坂井　私の近所にも、不動産屋のチラシに一年以上出ている物件があります。明らかに高すぎるんですよね。何カ月かに一回くらい値下げをしていますがまだ高い。

風間　だから売る側が価格を付けるのではなく、買う側に競争的に価格を付けてもらったほうがよいのです。一年以上も売れないと、売主さんのストレスもけっこうなものになってきます。

オークションの説明をしていてよいなと思うのは、理屈で通るというか、「この機械を使うとこうなる」というように仕組みの話ができることです。機械の中身は私がいじれません。私ではなく、仕組みを信頼してもらえばよいわけです。

坂井　うーん、達人の言葉は深いですね。しかも風間さん、お客さんにめちゃくちゃ信頼されそうな人ですけどね。

デューデリ&ディールは「オークションの最適マニュアル」のようなものをもっています。これは、現在はオークション理論で学問的に整えていますが、最初にあったのは風間さんの勘や経験です。最初は暗黙知の面が多かったものを、オークション理論で言語化したり、補強したり、ときには修正したりしているのだと思います。

風間　言葉にするのは大事です。次の世代に伝えねばなりませんからね。「俺の背中を見ろ」だと時間がかかりすぎるし、能力が高い人でないと技術を受け継げません。再現性があって、誰でもできるようにするのは大切ですね。

坂井　風間さんの弟子のような、坂本さんとしてはいかがですか？

坂本祐一郎　自分は元々メルカリもヤフオクもやったことがなかったので、最初はオークションに当惑しました。ただ、一度実際にやってみると、よく分かります。ああ、本当にちゃんと競り上がっていくのだと。

坂井　競り上げの締め切りまぎわには、入札が殺到することがよく起きます。これを避けるために、この会社では「10分間ルール」を置いています。17時に締め切りでも、誰かが16時59分に入札したら、17時9分まで延長する。誰かが入札すると、とにかく10分間だけは延長戦の時間を設けるわけです。

坂本　最初はなぜそれがあるのか分かりませんでした。でも、やってみるとその必要性は分かります。実際、オークション前に参加者から「締め切りまぎわに入札が殺到するのでは」という懸念の質問が来ます。

坂井　ここで10分間ルールがあると、参加者は安心してくれるわけですよね。安心してくれるから、参加してくれるというのもある。

坂本　理屈があるルールは大事ですよね。私どもの場合、参加者が会社さんのことが多いです。すると社内で、担当者さんが、決裁者に説明しやすいんです。まだオークションはメジャーな取引方法ではないから、私どものオークションに参加しようとしてくださる担当者さんが、社内で理解を得られないといけません。

坂井　風間さんは多分、日本でいちばん不動産オークションの実務に長けている方だと思います。やはり、風間さんにとって不動産の売却手法として、オークションは信頼性が高いんだなあと思います。

風間　これは体感が先行しているんです。07年に、私がＩＤＵ（株式会社アイディーユー）で初めて不動産オークションにかかわった時のことです。このとき、予想よりも高い価格になったんです。売主さんはもちろん、どうしてもほしかった買主さんもすごく

左から風間輝幸、坂本祐一郎、今井誠、坂井豊貴

喜んでくださいました。ああ、これはよいやり方だなあと思って、それが1つの原体験になっています。

坂本　私は不動産売買自体、この会社に入って初めて携わるようになりました。私もここで風間さんと同じような体験をしています。

今井　二人とも原体験がいいんだね（驚）。僕はそうじゃないんですよ。大昔のことですが、入札が終了まぎわに殺到してシステムがダウンして謝罪に行ったり、価格設定がうまくいかず全く売れなかったり。昔のことはよい記憶がないです。オークションは失敗からスタートしています。

坂井　よくそれで不動産オークションにコミットしようと思いましたよね。

今井　様々な経験が多い分、何がよくて何が悪いか分かるようになりました。失敗は成功の母で、いまの財産ですね。

坂井　いまはIT化が進んでいて、昔よりオークションはずいぶん開催しやすくなりましたか？

風間　昔はネット環境がない人も多かったたし、物件の案内もファックスでした。ファックスを20枚送るとか、ざらでした。

坂井　「時代が俺に追いついてきた」みたいな感覚はありますか？

風間　やりやすくはなりましたよね。いまは年配の方でも、オークションというと、それなりに想像してくれます。想像してくれたら、当方はそれを修正するだけなんです。ゼロからではなくて、イチから話をはじめられる。この違いは大きいです。

あと、お客さんの質問も的確になってきました。不動産のオークションは初めてでも、オークション自体は不慣れでないのでしょうね。

今井　世のなかで、価格の概念が変わってきましたよね。価格が柔軟に変わることが、受け入れられやすくなってきた。ものを売る場もヤフオクとかメルカリとか、色々できましたしね。売り方に種類があるってことを、みんな知るようになりました。この壁が昔は高かったんです。

坂井　時代の変化というと、コロナショックについて何かお考えのことはありますか。

ずいぶん時代が転換しそうな様子です。

今井　コロナショックからのV字回復に貢献したいですね。今後、資金繰りがしんどい会社でも、たとえば保有資産を売却して、少しでも高値で売却できたら次のステップに行けると思うんです。僕たちはその一助になれる。

リーマンショックのときは、いまほど世間はオークションを受け入れてくれませんでした。オークション手法にも未熟な点があった。

現在はそうではありません。オークションの理解度は上がっているし、我われも精緻な手法を確立しています。だから不動産オークションでいまの世の中の役に立ちたいという思いは強くあります。

風間　東日本大震災のあともそうだったんですが、経済にマイナスのショックが起こると、不動産を売らないと資金を確保できない人はたくさん出てきます。売るタイミングを選べない人にとって、この市況のなかで頑張れるのは売り方だけですからね。

第6章

多数決を脱して、まともな投票を

――ALISでの実用・設定編

ます。

今井　定刻19時になりましたので、オークション・ラボを始めさせていただきたいと思います。

今回初めて来られる方も多いので説明させていただくと、私どもはデューデリ&ディールという会社で不動産のオークションをやっています。２０１８年より坂井先生とオークションの学知を実際の実務に活用しています。そうした活動を広めたい、また経済学のビジネス活用に関心ある方と交流したいということで、この会を開いています。

今回はＡＬＩＳさんと連携した「ＡＬＩＳスペシャル」で、投票がテーマです。最近我われとＡＬＩＳさんは投票の実験をしようと意気投合しまして、その計画についてお話しします。なので、今日私と坂井さんはＡＬＩＳのＴシャツを着ています（写真）。これが今日の正装です（笑）。

坂井さんから一言お願いします。

左から石井壮太、今井誠、坂井豊貴、安昌浩、水澤貴。今井と坂井と水澤が着ているのがALISのTシャツ。ロゴがかっこいい。ALISTOREで購入可能。https://alismedia.official.ec/

坂井　今回と次回のテーマは投票です。なぜオークション・ラボなのに投票なのかと思われるかもしれません。でもオークションと投票は、意外と似たところがあるのです。

オークション方式と投票方式は、両方ともインプットをアウトプットに変換する関数なんですね。オークションは、入札をインプットしたら、商品の買い手と価格をアウトプットする関数。投票は、投票用紙をインプットしたら、選挙結果をアウトプットする関数です。理論的には、よいオークション方式を作るのも、よい投票方式を作るのも、どちらもよい関数を作ろうという問題なんです。

今井　それでは安さん、どうぞよろしくお願いします。

新しい技術とガヴァナンス

安　みなさんこんばんは。ただいまご紹介にあずかりましたＡＬＩＳ代表の安昌浩と申します。簡単に自己紹介して、クオドラティック投票（Quadratic Voting、ＱＶ）という新しい投票方式の説明に移りたいと思います。

私は北九州の出身で、東京に出てきました。奇跡的に地の底から這い上がったというと、北九州の人はよく頷いてくれます（笑）。前職はリクルートという会社にいて、２０１７年10月に会社を辞めてＡＬＩＳという会社を創業しました。創業時に、ユーザーにトークンを発行するＩＣＯ（Initial Coin Offering）という手法で約４・３億円を資金調達しました。このトークンはブロックチェーン上で発行される、仮想通貨の一種です。資金調達って、普通は株の発行や、銀行からの借入で行うものです。トークン発行による資金調達というのは、ブロックチェーン技術が可能にした新しい方法です。

そうして調達した資金で、トークンを投げ銭できるウェブメディアを作成し、19年１月にオープンベータ版をリリースしています。そうして得た知見をもとに、いまはブロックチェーン技術を用いた開発や、業務委託などをやっています。

僕自身はRadicalxChangeというプロジェクトで、日本支部を運営しています。これは新しい政治経済の仕組みを社会に導入しようという、米国のグレン・ワイルが始めたプロジェクトです。ワイルは経済学者で、プリンストン大で一年で博士号をとった天才的な人です。いま彼はマイクロソフト社のエコノミストです。

RadicalxChangeが推奨する制度の１つにＱＶというものがあって、それを今回ご紹介します。

ブロックチェーン技術と、仕組みやコミュニティのガヴァナンス（統治）には密接な関係があります。たとえば誰でも参加できる自律分散型の仕組みであれば、多くの人々が関与してくるので、人間社会のガヴァナンスの問題が生じます。また、トークンの所有者たちはコミュニティを形成することが多く、そこでも集団の健全なガヴァナンスが重要になります。海外ではガヴァナンスの議論は結構盛んに行われていて、日本でもそれを共有したいと思っています。

ワイルはポズナーという法学者と『ラディカル・マーケット』という本を出しています。これはRadicalxChangeというプロジェクトの教義書みたいなものです。

この本はブロックチェーン技術自体には触れていません。しかしブロックチェーン技術で色んなことができるようになったなかで、政治や経済の制度をドラスティックに変えていこうという姿勢を打ち出しています。ブロックチェーン界隈では最大規模であるイーサリアムのコミュニティでは大きな話題になっています。イーサリアムの創設者ヴィタリク・ブテリンも、RadicalxChangeのイベントに登壇しています。

一人が複数票をもつ

各人の選好の強さが投票に反映できる、というのがQVの特徴です。各人は、最初はまず一定量のクレジットが配布されます。たとえばこの場にいる一人ひとりに300クレジットが付与されます。

投票のテーマは複数あります。たとえば「年金」とか「環境」とか「沖縄」とかです。ここでは簡単に、年金改正の法案、環境保護の法案、沖縄基地の法案が出されているとしましょう。それらの採否は多数決で決まるものとします。

ここで、各人がそれぞれの法案の採否に1票ずつもつのは、よい方法なのでしょうか。そうとは限らないように思います。人によって利害関心は大きく異なるからです。たとえば沖縄県に住む人のほうが、県外の人よりも、沖縄問題には深い関心をもつでしょう。また、いまの若い人たちは年金問題に強い関心をもつ人が多いように見受けられます。人によって利害関心は異なるものです。

そこで各人は、それぞれのテーマに対して、300クレジットを割り振って、自分が投じられる票を獲得します。たとえば「年金には144クレジット、環境に56クレジット、沖縄に100クレジット」というようにです。自分の選好に基づき、テーマにウェイトをかけるわけです（図表6-1）。

図表6-1 クオドラティック投票

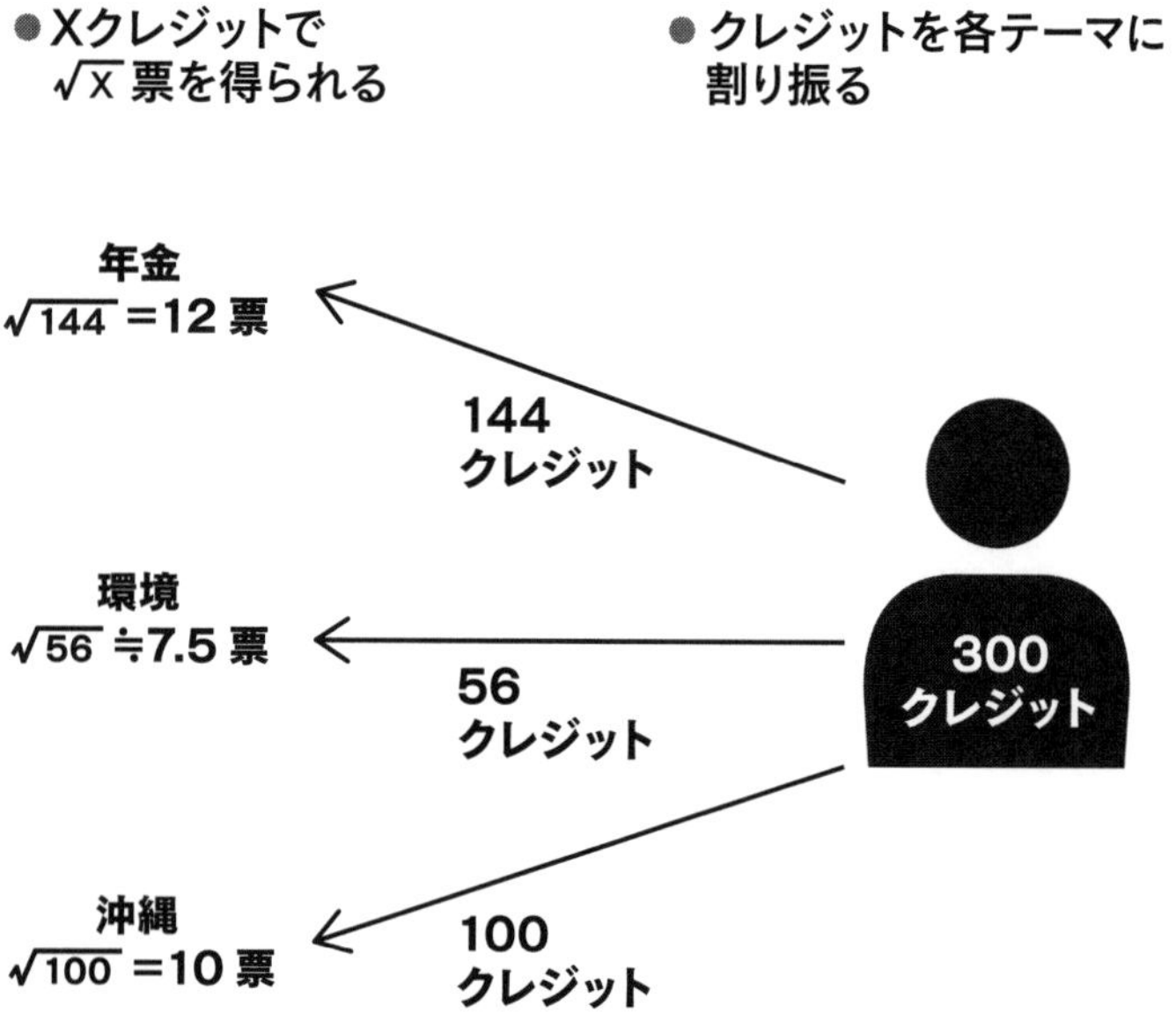

それではその人は年金には１４４票を投じられるのかというと、そうではありません。平方根をかました$\sqrt{144}$＝12票を投じられます。つまり１４４クレジットをかけても、12票だけしか得られません。だから多くの票を得ようとすると、相当のクレジットを払わねばなりません。その意味で、多くの票をもつにはテーマへの真剣さが求められるようになっています。

同じようにその人は、環境には$\sqrt{56}$≒７・５票を、沖縄には$\sqrt{100}$＝10票を得られます。つまり年金の法案には12票を使って賛否を表明、それが環境には約７・５票、沖縄には10票というようにです。「なぜ平方根？」と思われるかもしれませんが、これへの回答を、グレンは用意してはいません。

ＱＶは実際に導入の気配があって、コロラド州議会がＱＶを使う実験をすると発表しました。また、ブロックチェーン界隈には、特定の管理者がいない集団である、自律分散型組織（Decentralized Autonomous Organization）というものがありますが、そこでもＱＶを採り入れた事例があります。

ただ、ＱＶへの疑問はあります。２つあげますね。

まずは、一人がどのくらいのクレジットをもつことにするのか。10と１００、３００ではできることがずいぶん変わってきます。

もう1つ、クレジットをいつまで持ち越せるようにするのか。クレジットを延々と貯め続けて、あるとき一気に使うというようなことを認めるかです。これは認めたほうが選好を反映するというQVの目的にはかなう気がしますし、認めすぎるとそれはそれでこわいような気もするのです。たとえばカルト集団がある時、極端に強い力をもつようになるかもしれません。また、誰かが何十年もかけて貯めたクレジットを「核兵器をぶっ放す」に一気に投入したら、いやですよね。

こういうネガティブなことは『ラディカル・マーケット』には書いてありません。グレンに「クレジットの持ち越しをどう思うか」と問い合わせてみたら、彼はわりと「よいと思う」といった感じの返答をくれたのですが、僕はそれにはあまり同意できません。

また、グレンたちはQVでマイノリティが有利になると主張していますが、その根拠が詰められているわけではありません。マイノリティだって、特定のテーマにクレジットを集中させるためには、他のテーマへの参加は諦めねばならないわけですし。

あとはフリーライドの問題です。自分が関心あるテーマでも、自分のクレジットは使いたくない、他の人の投票に任せたいというような。そういう行動を誘発する投票の仕組みは、あまりよくできていないように思うのです。

総合的にいいますと、僕はそうQVに肯定的というわけでもなくて、もっと優れたやり方があるのではないかという直感があります。

A コロラド州がQVを実際に使ってみたそうですが、結果はどうだったのでしょうか？

安 コロラド州はまだ実施されておらず、やることがニュースになっている段階です。

B マイノリティに有利なのでしょうか？

安 本にある具体例をあげてみますね。村に住む息子のお父さんが、クマに殺された。そのクマを退治したいから銃を解禁してほしい。でも銃が禁止されている。この息子は、クレジットを貯めて、銃解禁に使う。一気にクレジットを放つことで、世の中を自分が変えたい方向に変える。そのような道筋を考えているようです。例が銃なので、どうも共感しにくいのですが。

B 坂井先生はQVをどう評価しますか？

坂井　僕は最近、けっこういいじゃないかと思い始めたんですよね。僕はこれまで投票制度の本を何冊か書いていますが、ＱＶのようなものは扱ったことがないです。単に、そのとき僕は知らなかったからです。

ただ、学者が「ＱＶがよい」というためには、それを定理証明の形にしないといけません。「なんで√を使うのか？」に対しても、理論的な根拠がほしいです。ワイルらの『ラディカル・マーケット』には大雑把なことは書かれていますが、あれでは理屈が分かりません。

マジョリティ・ジャッジメント

今井　その他ご質問はありますか？　なければ坂井先生からマジョリティ・ジャッジメント（ＭＪ）についてお話してもらいたいと思います。

坂井　まず、いわゆる一人一票の単純な多数決が、なぜだめかという話から始めたいと思います。例として２０００年のアメリカ大統領選挙を用います。

この選挙、皆さん記憶にありますか？（多くの来場者がうなずく）今日はうなずいてもらえたので、すごくやりやすいです（笑）。先日、同じ話を高校生にしたところ、ほとんど誰も知りませんでした。彼らはこのときまだ生まれてないんですよね。ブッシュ大統領は知っていても、ゴアを知る人はほとんどいませんでした。

2000年のアメリカ大統領選挙ではこんなことがありました。選挙戦の序盤では、民主党のゴアが、共和党のブッシュより勝っていたんです。今回は、ゴアが勝ってブッシュが負ける、というのが大方の世論調査の予想でした。

ところがご存知の通り、結果はそうなりません。色んなことが起こったんですけど、特に次のことはゴアの致命傷になりました。第三の候補が立候補したんです。弁護士の社会活動家ネーダーという人です。

ものすごく粗いのですが、3人の政治ポジションを並べてみると、ブッシュは右側、ゴアは左側、ネーダーはゴアのさらに左側です。何が起こるかというと、ネーダーがゴアの票を食うのです。相対的に考えがゴアと近いわけですから。結局、致命的な形でネーダーがゴアの票を食って、ブッシュが漁夫の利で大統領の座を射止めます。

何を意味しているかというと、**いわゆる普通の多数決というのは票の割れというものにめちゃくちゃ弱いんです。これは致命的な欠陥です。**ゴアのほうがブッシュより多数の支持を得ていたはずなのですが、結果はそうならない。

多数決という名前を聞くと、いかにも多数派の意見が反映されそうです。でも実はそうでもない。日本の選挙でも同様の票割れはよく起こっています。

MJは票割れの問題を解消する、とても優れた投票方式です。世論調査やマーケティングでの好感度調査にも使えます。ここでは選挙での投票を例にして解説します。

各投票者はそれぞれの候補者に、7段階評価で、どれか評価をつけます。評価ワードは、上から

●最高、良い、やや良い、普通、やや悪い、悪い、最悪

としましょう。7段階でなくてもよいのですが、7段階くらいにするのが通常です。

僕は候補Aを「やや良い」と考えています。すると、Aには「やや良い」にチェックします。また、候補Bを「悪い」と考えているので、Bには「悪い」にチェックします。このように、一人ひとりの有権者が候補者達に評価を与えます。これは絶対評価です（図表6-2）。

いま話したのは一人ひとりの有権者がどういうふうに投票するかです。たくさんの有権者による投票を、どう集約するかが次の段階です。

有権者が11人いるとしましょう。立候補しているのは、AさんとBさんだとします。それぞれが得た評価の人数が、図表6-3のとおりだとします。

MJではそれぞれの候補について、「真ん中」で社会的評価を決めます。いま有権者は11人なので、真ん中は6ですね。よってAへの評価の真ん中は6番目の「やや悪い」です。Bへの評価の真ん中は「普通」です。これらが社会的評価になります。「普通」のほうが「悪い」より上なので、Bが当選します。

これがMJです。何か質問がありますでしょうか？

C　候補者が多くなると、評価が面倒になりませんか。たとえば候補者が10人とかいると、最後の方は適当になりそうです。最適な候補者の数って、何かあるのでしょうか。

坂井　最適な候補者の数については、そんなに緻密な理屈があるわけではないと思います。しかし、どうも人間の認知って7が限界のようだから、7人くらいまでじゃないでしょうかね。大まかな言い方ですが。

図表6-2 評価用紙

	最高	良い	やや良い	普通	やや悪い	悪い	最悪
A			✓				
B						✓	

図表6-3 有権者たちの評価をまとめたもの

	最高	良い	やや良い	普通	やや悪い	悪い	最悪
A	1人	0人	3人	0人	2人	2人	3人
B	2人	3人	0人	1人	0人	4人	1人

図表6-4 真ん中はAもBも「やや良い」だが、Bのほうが「やや良い」以上の人数が多い。このときMJは、Bのほうを勝ちとする。

	最高	良い	やや良い	普通	やや悪い	悪い	最悪
A	1人	0人	5人	0人	0人	2人	3人
B	2人	3人	2人	1人	0人	2人	1人

候補者が多くなると評価が面倒というのはそうですが、逆にいうと、いまの多数決がラクすぎではありります。多くの候補者のなかから一人だけに票を入れるので、票割れも起こる。ラクすぎるから、うまい集団的決定ができてないわけです。

D　同じ社会的評価になった候補者たちは、どうなるんですか？

坂井　引き分けのタイブレークの話ですね。「真ん中以上の票数」で勝負させます。たとえば図表6-4の例だと、AもBも社会的評価は「やや良い」で引き分けです。しかしAは「やや良い」以上の票数が1＋0＋5＝6で、Bは「やや良い」以上の票数が2＋3＋2＝7だから、Bの勝ちになります。

E　MJでは、無難な候補が勝ちやすいのではないでしょうか。

坂井　無難というか、有権者の過半数から高い支持を得ている候補が勝ちやすいです。多数決の場合はけっこう「悪目立ち」が票になるんですが、MJだとそうはいかないです。MJは多数派の考えを反映しますから。

F　絶対評価で投票すると仰っていましたが、相対評価の投票とはどう違うのですか？

坂井　ちょっと込み入った話になります。絶対評価というのは、相対評価を含意します。しかし逆は成り立ちません。

たとえば僕が、AとBをともに「最高」だと絶対評価するとします。これは相対評価でいうと、僕はAとBを同程度に評価するとなります。

やがて僕が絶対評価を、AもBも「最悪」に変えたとしましょう。しかしこのときも、相対評価ではAとBは同程度の評価なので、変わっていません。

絶対評価のほうが、相対評価よりも、ずっと豊かな情報を含んでいるわけです。このふたつはまるで違います。

F　7段階評価は、2段階にもできますか？

坂井　結論から言うと、できますが、すすめません。2段階にしたときのMJを、**是認投票**といいます。

これは1970年代にブラムスとフィッシュバーンという研究者が考案して、分析しています。[16] MJは是認投票の改良版という位置付けですね。だからいま是認投票をわざわざ採用しなくてよいのではないかな。ちなみに、投票方式を専門的に扱う国際学会The Society for Social Choice and Welfareでは、昔から理事を是認投票で選出しています。

G　社会的評価を決めるときに、中央値を選ぶのはどうしてですか？　特別な理由があるのでしょうか？

坂井　あります。真ん中だと、「極端な嘘をついて結果を自分に都合よく変えられない」というメリットがあるのです。戦略的操作に強いのですね。

アマゾンの点数って、ユーザーの評価点の平均値ですよね。1点から5点まで付けられるのですが、あれはアンチが1点を付けます。アンチが何人か集まると、平均点をガクンと下げられるのです。

平均と真ん中の違いが分かりやすい例をあげますね。5人のユーザーによる点数が

（5、5、4、3、3）

だとしましょう。平均点は（5＋5＋4＋3＋3）÷5＝4点です。真ん中も4点。

これを「アンチがいないとき」と解釈しましょう。一方の「アンチがいるとき」を（5、5、4、1、1）だとします。平均点は（5＋5＋4＋1＋1）÷5＝3・2点です。真ん中は4点。アンチの影響が表れないわけです。

統計学だと真ん中は中央値（メジアン）といいますが、中央値は異常値の影響を受けない代表値だと説明されます。その性質がここではアンチへの耐性としてはたらくわけですね。この性質がMJでは活きています。

G　なるほど、シンプルですが奥深いですね。

坂井　MJの定義って、わりとシンプルだと思うんです。でも、この定義に辿り着くのには、けっこうな時間がかかっています。

中央値による決定のよさは、1950年あたりの段階で、すでに意識されてはいたんです。そこからいろんな知見が積み重なってきて、2011年にMJが登場しました。その間は、中央値とは関係なく、決選投票を付けた多数決とか、「1位に3点、2位に2点、3位に1点」とするボルダルールとかがよく議論されてきました。それらのルールも面白いのですが、ＭＪのほうが理論的な性質はよいです。戦略的操作に強いというのはとくに重要な点ですね。

G　それでも、中央値だけを見て、他の分布の情報を捨てるのは、もったいないように思いました。

坂井　これは戦略的操作への強さを求めた結果ですね。これ以外には方法はないんです。これは定理証明のかたちで結果が出ていますから、仕方ないですね[17]。戦略的操作へのある種の強さを求めるならば、我われはＭＪを採用せねばならないのです。

G　嘘をつかせないことを大事にしているわけですか？　それ以外の欠点は許容するのですか？

坂井　まずは、正直な投票が損にならないようするのは、投票者に対して親切です。あと、戦略的操作が入った分布の情報って、そもそも人々の考えの正しい分布ではないわけです。だからまあ、そんなには価値がないというか。**理想的な投票方式がないことは、定**

理証明の形で出ているわけだから、どの欠点を甘受するかという選択の問題になります。

中央値がいやなら戦略的操作は許容する、というトレードオフがあるわけです。

Ｈ　一般市民に、ＭＪの使い方が理解できるのかが気になります。多数決は非常に分かりやすいですが、ＭＪはちょっと難しくなります。

坂井　ＭＪの考案者であるバリンスキとララキたちは、フランス大統領選の実験調査で使っています。だから大丈夫なのでしょう。
ついでにいうと、たぶん日本人の多くは、日本の選挙制度をそんなに正確に理解してないと思います。比例代表制の議席の配分の仕方なんて、ほとんど誰もちゃんと分かっていない。それでも我われは、それなりに制度を使えるわけです。

Ｈ　使えるとは……

坂井　投票者が、投票用紙に記入できることです。あとは制度の運営者が、投票用紙を集計すればよいわけだから。投票者がＭＪを詳しく分かってくれるなら一番よいですが、

「分からんけど使える」ならそれで実用上は足ります。

本人確認

坂井　ところでオンライン上の投票で、一人一票を実現するのって難しいですよね。個人が複数のアカウントをもてるから。

安　本人確認しないと、なかなか一人一アカウントは実現できません。金融業だとパスポートや保険証のコピーを送ってもらうわけですが、個人情報を扱いますし。事業者の負担は重いです。

ＡＬＩＳの場合は、スマホのＳＭＳ認証です。一人が複数アカウントをもつことは、できなくはないですが、かなり高コストになります。

本人確認の方法で、1つ面白いと思うのは、イーサリアムの創業者ヴィタリクが言っていた、友達同士で認め合う、といったものです。まだ僕もそんなに腹落ちはしてないんですが、紹介します。

アカウント登録をしたときに、友達10人が「この人は本物です」と承認したら、本物だと認定するんです。後でそうでないと分かったら、当人だけでなく、承認した人に不利益を与える。そういうインセンティブのメカニズムを入れると、それなりにうまくいくかもしれません。いまイーサリアムの一部の界隈で、議論が進んでいます。

坂井　その「それなりにうまくいくかも」ですが、「高い確率でうまくいくからＯＫ」と割り切っているわけです。その発想は、僕には馴染みきれないものなんですよね。投票だと、どうしても一人が二票もたないことを死守したくなる。**実際には日本の選挙会場での本人確認も、入り口で名前や住所を言うだけでよかったりして、いい加減なものではあるんですが。**それでもあれは、高い確率でうまくいくからＯＫとまでは、割り切れていないように思うんです。

コンピューターサイエンス側の人は、そのあたりの割り切りが違うように思います。うまくいく確率が十分高ければそれでいいじゃないか、みたいな。そういう発想を聞くと、すごいなというか、新しいなって思います。

ビットコインの記録付けがその発想で作られていますよね。プルーフオブワークといいますが、帳簿の安定性が「長期的にはほぼ１００％」になっている。最終確定性（ファイナリティ）がないと言いますが、既存の金融だとありえない発想でしょう。

安　そうですよね、完璧じゃないんです。わずかな確率での欠陥を抱えているんですけど、実践的にはほぼOKで許容するわけです。

ALISの実用は画期的

安　いまALISのサイトでは、記事の新カテゴリーをMJで決めています。興味がある方はアカウントを作って投票してもらえれば嬉しいです。そうしたら、MJの仕組みや、どうやってオンライン上で選挙のようなことができるかが分かると思います。

坂井　実用は画期的なんですよ。世論調査で使うのではなく、実際の意思決定で使った例としては、世界初ではないかと思います。

選挙制度でMJを使うのが難しい、というのは分かるんですよ。使うには、公職選挙法を変えねばなりませんから。**いまの選挙制度が有利になっている与党の人たちに、そんな変更をするインセンティブはないです。**

でも、民間企業の世論調査やマーケティング調査では、新しい良い方式を使ったらいい

と思うんですよね。そういうことを以前『「決め方」の経済学』という著書のあとがきで書いたんです。本文は読まなくても、あとがきは読んでくれる人が多いので（笑）。でも、だめでしたね。

新聞社の方にそういう話をすると、記者さん個人レベルだとそれなりに賛成してくれても、組織のなかで通りません。記者さんも、そこを頑張るほど本気にはなってくれない。だからＡＬＩＳのように、新しい良いものを柔軟に採用するというのは、すごいです。

安　実際にやってみて強く感じたことですが、投票の選択肢を誰がどう決めればよいのかが難しいです。今回は、我われＡＬＩＳの運営が決めました。我われはＡＬＩＳのコミュニティとずっと会話していて、こういうカテゴリーが必要だろうと分かっているので、あまり反発がきていません。しかし、それでも人によっては、自分の好きな選択肢が入っていないわけです。そこをなんとかする方法ってあるのでしょうか。

坂井　これ、すごく難しい話ですよね。投票って、投票権をもつ人が強いと思われがちですが、それだけではない。**そもそも投票のイシューとか、選択肢を用意する力がめちゃくちゃ強いんですよね。**日本の国会でいうと、国会で出される法案は、ほとんどが閣法です。要するに、官僚が作成して、内閣が提出している。それを国会が多数決するわけです。

案を提案する力は強いというのはＭＪでも同じです。私が言えるのは、公正な手続きで決めるのが大事、その様子をできるだけオープンにして人々に納得してもらうのが大事という程度ですね。手続き的正義が大事で、有権者の納得感が大事、ということです。

こういう根本的なことがらは、新しい投票方式のもとでも、ブロックチェーンという先端技術を絡めたコミュニティでも変わらず重要です。

今井　議論は盛り上がっていますが、予定の時間を少々過ぎました。いったんここで締めさせていただきたいと思います。21時くらいまで会場は開けています。安さんや坂井さんにご質問がある方は、直接お二人にお話しください。次回はＡＬＩＳでＭＪを使った結果を発表します。どうぞ来月もお越しいただけると幸いです。今日はどうもありがとうございました。

〈拍　手〉

16 Brams, S. J. and Fishburn. P. C. (1978) "Approval Voting" *American Political Science Review*, Vol. 72-3, pp. 831-847.

17 バリンスキとララキの著書*Majority Judgement*にある定理10・2がそれにあたる。

第7章

投票結果の分析

――ALISでの実用・結果編

今井　定刻19時になりましたので、オークション・ラボを始めたいと思います。私たちは普段、オークション理論をはじめ、経済学のビジネス活用を試みています。最近はブロックチェーン企業のALISさんと、新しい投票方式を使ってみるという共同プロジェクトをしています。前回そのプランをお話しして、今回は結果の発表です。

坂井　いま我われがALISさんと何をやっているかというと、マジョリティ・ジャッジメント（MJ）という、新しい投票方式をコミュニティの意思決定で活用しています。

MJとは、それぞれの個人が、それぞれの選択肢に

●最高、良い、やや良い、普通、やや悪い、悪い、最悪

といった評価ワードのなかから、1つを選びます。そうして得たデータをもとに、選択肢たちを「集団としてはこれが1位、これが2位」というように順序付けます。MJは通常の多数決とは全然違います。多数決だと選択肢の中から1つを選ぶだけですから。MJのほうが、人々ははるかに豊かな意思表示ができます。

私たちはMJを実際に使ってみて、これは世論調査やマーケティング調査でも非常に有用だと考えるようになりました。政党の人気調査なんかでもいいですね[18]。

A　そのとき個人は、政党たちに、同じ評価を付けられるのですか？　たとえば自民党にも「良い」、立憲民主党にも「良い」というような。それとも自民党に「良い」を付けたら、立憲民主党にはそれ以外を付けねばならないのですか？

坂井　同じ評価を付けられます。

B　いま7段階の評価ワードを出していますが、これは7つがいいとか、3つがいいとか、あるんでしょうか？

坂井　あんまり数が少ないと、差が付けられませんよね。3段階だと少ないし、5段階でも物足りないです。

一方で、9段階だと、9つのなかから1つを選ぶのが、けっこう難しいことがあります。たとえば9段階で

●最高、かなり良い、良い、やや良い、普通、やや悪い、悪い、かなり悪い、最悪

とすると、「かなり悪い」と「最悪」って、どちらが適切か判断しにくいというような。それで、大体7段階くらいがよいね、というのが大まかなコンセンサスと思います。心理学だと「マジカルナンバー7」といって、人間は選択肢を7つだったら相互にきちんと比較できる、という有名な論文があります。[19] その辺りの研究成果を僕は意識しています。

B　言葉でなく数字にして、10点満点にするとどうでしょう？

坂井　数字だと、意味の統一が難しいんです。「かなり良い」とか「良い」だと、すべて

の人が、それなりに同じ意味で理解できそうです。でも、数字だとどうでしょう。たとえば10点満点の「7点」は、人によっては「かなり良い」という意味かもしれないし、別の人は「良い」という意味かもしれない。すると、同じ「7点」でも、同じ評価ワードとして扱うのが不適切になってしまいます。だから数字でなく、言葉にするのです。選択肢の意味の共通化のためです。

C　経済学のビジネス活用が進んでいるという話が冒頭にありましたが、ＭＪはあまり経済学っぽくないように思います。どう経済学の要素が入っているのでしょうか？

坂井　経済学は20世紀半ばから、色んな分析道具を作ってきました。計量経済学とかゲーム理論なんて、とくにそうです。それらのなかには、いわゆる経済と呼ばれる対象だけでなく、他の対象にも使えるものが多くあります。

それで経済学者は、分析の対象を、いわゆる経済と呼ばれる対象以外にも拡張していったんです。たとえば政治はその例で、ＭＪはそこに属するのでしょうね。

ですから、「これ経済学っぽくない」と言われたら、その通りだと思います。学問の分類自体が、あまり意味がないのでしょうね。

私の慶應の同僚に、とある超一流の統計学者がいます。彼は経済学だけでなく、教育学や、脳科学でも論文を書きます。分析道具を何にでも使えるので、色んな分野の研究ができるんです。でも、おそらく彼としては色んな分野を研究しているのではなく、すべて同じことをしているつもりだと思います。

それではALISの共同創業者で、CTO（=Chief Technology Officer=最高技術責任者）を務める石井壮太さんにバトンタッチしたいと思います。

ついに結果発表！

石井壮太　こんばんは、ALISの石井と申します。僕はずっとエンジニアをやっています。ブロックチェーン技術は2013年から、これは面白いと思ってずっと追っています。2013年というと、「こいつその頃からビットコイン知っていたなら、いま高騰しているから金持っているんじゃないの」と思われることがあります。でも安心してください。マウントゴックスという消失事件がありまして、そこに全部持っていかれたので、全然ございません（会場爆笑）。

ただ、あれは技術の失敗ではなく、単純に1つの会社の失敗です。ブロックチェーンが

図表7-1 誰でも記事を投稿できて、トークンを授受できるサイトALISの上部。「クリプト」「グルメ」「ゲーム」などのカテゴリーで分類されている。

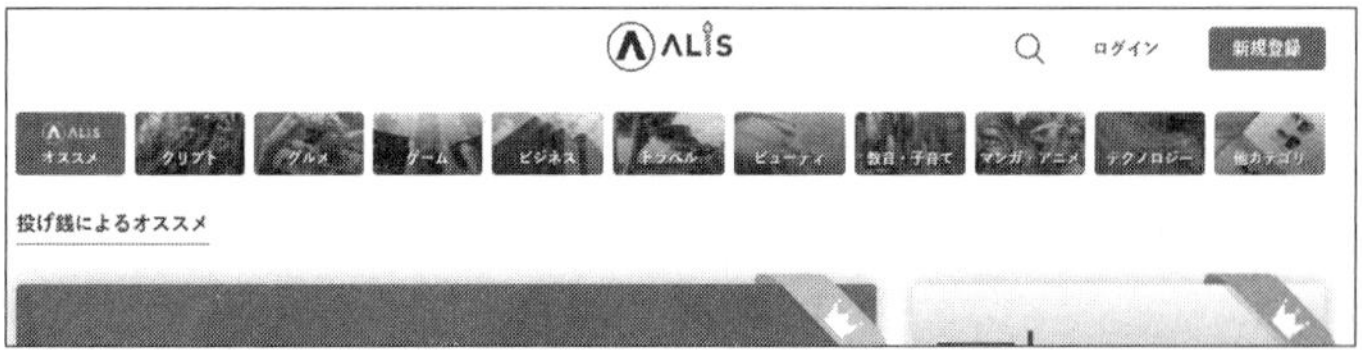

図表7-2 坂井が投稿した記事「スカイスパ横浜」の一部。現在「いいね」によって9.72 ALISと、「投げ銭」によって1.10 ALISを獲得している。ALISトークンが使えるサービスは、自生的なALISコミュニティのなかにいくつかある。

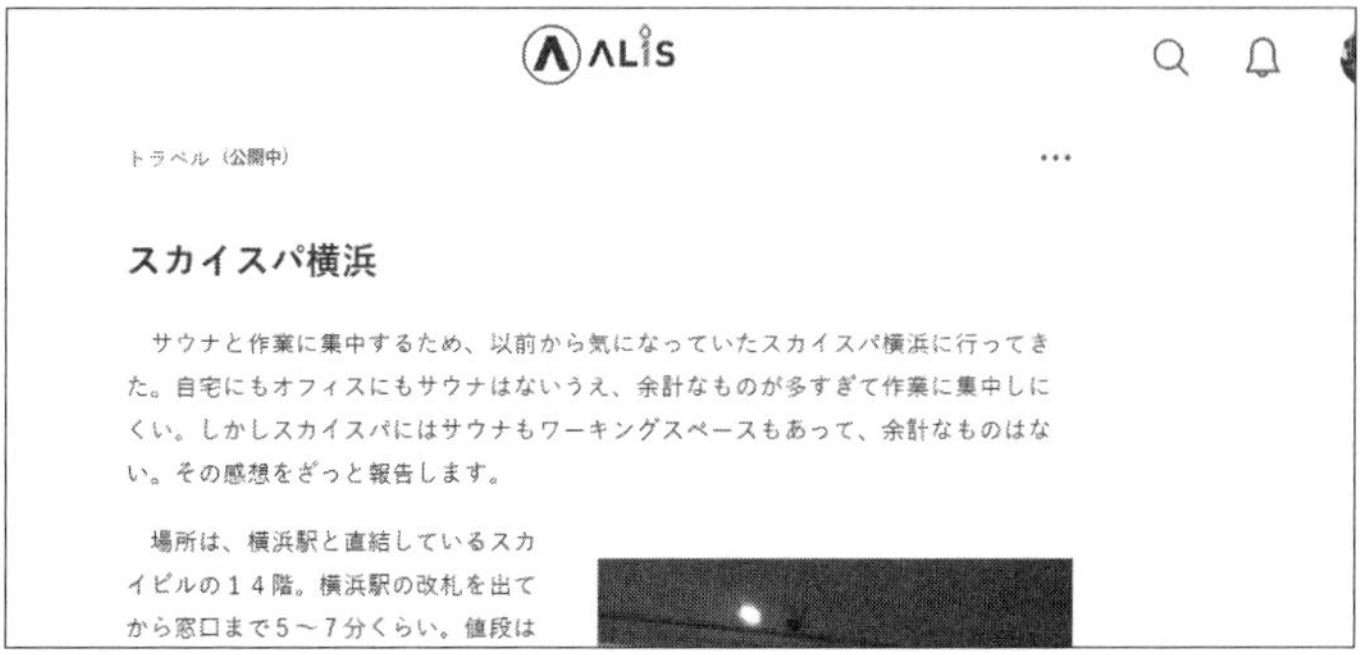

失敗した話ではありません。

ＡＬＩＳでは、記事を書いて投稿するサイトを提供しています。サイトの裏側ではブロックチェーンが動いていまして、良い記事にトークンを投げ銭できるつくりになっています。また、企業向けのＲ＆Ｄや、コンサルティングなどの事業もやっています。

記事サイトのＡＬＩＳはこちらです（図表7‐1、図表7‐2）。このサイトには、誰でも記事を投稿できます。記事には「グルメ」とか「トラベル」など、いくつかのカテゴリーがあります。そこにどういう新カテゴリーを加えるかが、今回決めたいことです。これを運営者の我われではなく、ＡＬＩＳのコミュニティに決めてもらいたいのです。

新カテゴリーはユーザー間で議論が分かれるところです。新カテゴリーの候補は5つ、「テクノロジー、神仏、音楽、恋愛、おもしろ」です。このなかからユーザーたちのＭＪでの投票で、新カテゴリーを1つ選んでもらいました。

結果を言いますと、新カテゴリーとして選ばれたのは「テクノロジー」です。圧勝でした。もっと接戦になったほうが、分析的には面白かったのですが（笑）。僕らが思ったよりずっと「テクノロジー」が強かったです。

これは安くん（前回のスピーカーで株式会社ＡＬＩＳのＣＥＯ安昌浩氏）と話したことなんですが、ＭＪは、いわゆる通常の多数決より、ずっとよいです。ユーザーの納得感が

図表7-3 MJで投票した結果

	最高	非常に良い	良い	普通	悪い	非常に悪い	最悪
テクノロジー	71	44	12	8	1	1	2
神仏	19	19	24	35	20	12	10
音楽	32	24	41	29	7	4	2
恋愛	13	15	34	39	17	8	13
おもしろ	30	28	27	24	11	7	12

テクノロジー＞音楽＞おもしろ＞恋愛＞神仏

同順位のタイブレークはバリンスキとララキに倣い、下記のように判定：
＊音楽とおもしろのタイブレークは、音楽32＋24＋41＞おもしろ30＋28＋27で判定
＊恋愛と神仏のタイブレークは、恋愛13＋15＋34＋39＞神仏19＋19＋24＋35で判定

それぞれの投票者は、「テクノロジー」「神仏」など5つのカテゴリー案に、「最高」から「最悪」まで7段階で絶対評価をする。「神仏」でいうと、「最高」には19人、「非常に良い」にも19人、「良い」には24人、といったようにこの表は読む。MJの解説は第6章を参照。

高く、別のところでも使いたいとメンバーで話しています。7段階での、好みの深度が分かるのも面白いですね。

もっと社会で使われるとよいと思うのですが、なかなかそう簡単には突っ込んでいけないものなんでしょうかね。

坂井　学問レベルだと、よい投票方式って色々あるんです。なかでもMJは最高峰だと思いますが。でもこの辺りの学問は、選挙制度の設計では、使われたことがないですね。

我われは、良いものは世の中で使われるはずだ、悪いものは淘汰されるはずだ、と安易に考えがちです。でも世の中はそうはなっていません。変える力がある人にとって有利な制度が採用されます。選挙制度を変えるには、公職選挙法を変える必要があります。しかし、いまの選挙制度で与党になっている人は、そうするインセンティブがありません。だから使われないですね。

石井　稼働の実績が大切なんだと思います。ビットコインだって、稼働の前に、そういう新しい通貨を作りましょうと誰かが言っても、米ドルを基軸通貨にしたいアメリカは許さなかったでしょう。

でも発明者のサトシ・ナカモトは、勝手に作って、稼働させてしまった。そしていま現実的に、ビットコインには10兆～20兆円レベルの価値が乗っている。なぜそんなことができているかというと、いま現実的に動いているからなんです。稼働の実績とは、すごいものなんです。

ビットコインは誕生からいま10年くらいです。最初は「何だこれ？」みたいな反応を受けながら、急速に広まっていきました。それと同じようなことが、ＭＪをはじめ、メカニズムデザインによる新しい制度にもできると思うところがあります。

坂井　ＡＬＩＳが実際の意思決定にＭＪを使ったのって、すごく画期的なんですよ。日本では初の試みで、世界でも実用は初めてか、それに近いんです。

僕はこれまで色んな人にＭＪの話をしてきました。でも「面白いですね」で終わりなんです。ＡＬＩＳの場合は、僕が話を終えて１秒後には「やりましょう」となっていました。

これは意思決定が速いからすごいと言いたいのではありません。コミュニティ運営のことを常時考えているから、すぐに反応ができるのがすごいですね。サッカーだと、パスのボールが蹴られたときには、すでにボールの着地点の間近にいるというような。それがＡ

ＬＩＳの偉大さですね。

石井　結果を概観してみましょう。今回、５つのカテゴリー案「テクノロジー、神仏、音楽、恋愛、おもしろ」にＭＪを使いました。結果はテクノロジーの圧勝でした。

ＡＬＩＳの性質を考えると、テクノロジーが1位なのは予想された結果ではあります。2位が音楽、３位おもしろ、４位恋愛、５位が神仏です。

坂井　ＭＪを使うと、「もし多数決だったら何が選ばれていたか」も分かります。たとえば、ある人が、音楽には「かなり良い」を、他にはそれより低い評価を付けていたとしましょう。その人は多数決なら音楽に1票を投じていたはずだと考えます。そうしてデータを処理すると、上から

●テクノロジー＞おもしろ＞音楽＞神仏＞恋愛

となりました。

テクノロジーを除くと、おもしろを一番高く評価した人が多かったということですね。

このように、得られたデータを違うかたちで処理すると、おもしろが一部の人から強い人気があると分かります。

ついでに、もうちょっと込み入ったものをお見せしたいと思います。カテゴリー間の相関係数をとってみました。

最高から最低まで7つの評価ワードに、それぞれ7〜1までの数を割り当てます。そして、カテゴリー間の相関を調べたんです。これはエクセルですぐに計算できます。もっと複雑な分析も考えられますが、いまできているのはこれくらいです。

結果を見ると、恋愛とおもしろの間には弱い相関0・33があります。恋愛を高く評価する人は、おもしろも高く評価する傾向があるわけですね。

あと、ちょっとマニアックな分析もしてみました。MJではなく「もしボルダルールだったら何が選ばれていたか」を調べました。MJは人々の考えについて豊かな情報を得られるので、そんなことも調べられるのです。ボルダルールとは、「1位に5点、2位に4点、3位に3点……」と配点するような決め方ですね。もしボルダルールを使っていたなら、結果は

●テクノロジー＞音楽＞おもしろ＞神仏＞恋愛

となっていたはずです。多数決のときと比べると、音楽の順位が上がっていますね。これは音楽が、広い層からそれなりに高い支持を得ていたからでしょう。

C 実際にMJをやってみたり、ボルダルールへの変換をしたりして、特別な注意がいることってありましたか？

坂井 同順位の取り扱いです。たとえばテクノロジーとおもしろを両方「最高」にする人は、1位が2つあるわけです。このときはボルダルールの配点を、適切に修正せねばなりません。ある昔の論文（Nitzan-Rubinstein（1981）"A further characterization of Borda ranking method" Public Choice）に、よい修正の仕方が書いてあって、それを採用しました。

こういう論文を引っ張り出してくるのは学者の仕事ですが、実装においては、そこに書かれていることをエンジニアと共有せねばなりません。石井さんの理解力は素晴らしいので、我われの作業はスムーズに進みました。しかし、このレベルのエンジニアさんというのは、そうはいないと思います。やはり実装というものは大変です。

水澤貴　ＡＬＩＳのＣＭＯ（Chief Marketing Officer）、水澤です。神仏は、ＭＪだと５位になります。でも多数決だと４位になりますよね。ＡＬＩＳコミュニティには、一部に御朱印を愛好する人たちがいて、その人たちが神仏を推したのかなという気がします。ＭＪだと一部ではなく全体から評価されないといけないから、５位になったのかなと思います。

石井　個人的には、神仏というカテゴリーが上にあるメディアは嫌だなと思いながらやりました（笑）。

水澤　ニッチだけど、熱心な人がいるカテゴリーになるかもしれないですね。

サウナの効用

坂井　僕は今日、昼間は論壇誌『中央公論』で、ALISの安さんと対談していたんです。その後2時間くらい空きがあったんですけど、みなさん2時間くらい都心部で空きがあったら何をします？

（会場から「サウナ」の声）

正解です。それ以外あるわけない（笑）。ここの近くにある新橋アスティルに行ったんですが、**サウナに入ると良いアイデアが思い付きます。**サウナ後に、冷麺を食べながらこの「距離」を計算しました。

それぞれのカテゴリー案には、139人が「最高」から「最悪」まで7段階で投票しています。評価ワードに7〜1までの数を割り当てます。すると各カテゴリー案は139個の数を与えられ、139次元のベクトルが1つできるわけです。

するとベクトル同士の距離を測れます。

たとえばテクノロジーと神仏の距離は、34・4です。テクノロジーと音楽の距離だと、23・2です。つまりテクノロジーとの距離は、音楽のほうが、神仏よりも近い。

図表7-4 カテゴリー案どうしの結果の距離。テクノロジーと神仏との距離が最も遠く34.4

	テクノロジー	神仏	音楽	恋愛	おもしろ
テクノロジー	-	34.4	23.2	32.5	29.3
神仏		-	28.1	25.9	30.1
音楽			-	25.3	26.8
恋愛				-	24.3
おもしろ					-

テクノロジーを好む人は、神仏は好まないのでしょうね。こういうふうに、距離をとってみると、何々を好む人は何々を好まないっていうのが見えてきます。ＭＪは意思決定だけではなく、マーケティングの消費者調査で使えると思いました。

A　相関係数と距離は近い結果かと思ったんですが、その違いがどういうところにあるのですか？

坂井　意外とややこしい話ですが、けっこう違います。たとえば投票者が全員「ケーキへの好き度は、和菓子への好き度の10倍」だとしましょう。ケーキへの好き度が上がるほど、和菓子への好き度も上がります。完全に連動しているので、相関は最も高い1ですね。

でもケーキのほうが、和菓子よりも皆に10倍好かれているから、両者の距離は遠い。ふだん我われは、相関を、距離のように解釈していることが意外と多いのでしょうね。

B　評価ワードに数字を割り当てるのは、適切なのでしょうか？　評価ワードは、心理的等間隔になっているのかなあというのが気になります。

あと、日本語と英語で違うんだろうなと思います。最高とExcellentは違うでしょうし、かなり良いとPretty goodは違うだろうなと。

坂井　仰る通りで、言葉の選択は重要です。心理的等間隔になっているかは、わりとそうなっていそうな言葉を選んでみた、くらいが正直なところです。

言語でいうと、日本語は評価ワードの上下を対称的にしやすいですね。「最高」の反対が「最悪」というように。英語だと最高がExcellentで、最悪はRejectといった語をあてることが多いです。

水澤　社内評価のアンケートで使っても面白いかもしれないと思いました。上司二人をMJで評価するとか（笑）。

坂井　デューデリ&ディールで使ってみたらどうだろう。今井さんと風間さんの人気のあり方はずいぶん似ているとか、あるいは違うなとか（笑）。MJの新しい使い方ですよね。

C　今回の試みは、論文にするのですか？

坂井　うーん、どうしよう。こういう意思決定を実際にやって、Nitzan-Rubinsteinの式でボルダルールに変換して、結果がこうなりましたとまとめると、親切かもしれませんね。時間があったらやってみようかな。[20]

今井　坂井さん、石井さん、水澤さん、どうもありがとうございました。ＡＬＩＳとの共同プロジェクトでは、やはり実用すると発見が多いと思いました。この場所は21時過ぎまで開放していますので、お時間のある方はご歓談ください。お三方は残ってくださるので、どうぞ直接お話しください。後ろにコーヒーを用意しています。今日はどうもありがとうございました

〈拍　手〉

18 これはオークション・ラボに参加された方が、実際にそのような世論調査をされました。ここでは詳しく書けないのですが、ラボから色んな実用が派生しているのです。

19 この「有名な論文」は次のこと：Miller, G. A. (1956) "The magical number seven, plus or minus two: some limits on our capacity for processing information" *Psychological Review*. 選択肢が7個を超すと整合的な選択は難しくなると示す論文は次：Saaty, T. L. and Ozdemir, M. S. (2003) "Why the Magic Number Seven Plus or Minus Two" *Mathematical and Computer Modelling*.

20 ちゃんとやりました。この一連の成果は共同論文Sakai, Ishii, Mizusawa, Imai, and Yasu "Community decision making by majority judgement in ALIS"にまとめられ、安昌浩が２０１９年10月にイーサリアムの大会ＤＥＶＣＯＮで発表し、好評を博しました。オークション・ラボで「やろうかな」と言ったことは大抵やっています。

第8章

コロナショックの後始末

坂井　2020年の4月から、新型コロナウイルスにともなう緊急事態宣言で、実際の場でのオークション・ラボは一時的に中止しています（同年6月からオンラインを併用しつつ再開）。疫病による経済活動の停止なんて、まるで予想していなかった事態です。せっかくオークション・ラボは盛り上がっていたので、僕はとても残念です。

今井　そうですね。リアルの場はできないけど、オークション・ラボは、コロナショックに対して何かしら貢献できる存在でありたいと思っています。

坂井　おお、えらい（笑）。僕はそこまで前向きになれなくて、けっこう落ち込んでいる。でも、その通りですね。知識は費用をかけずに使えるものが多いので、金銭的なダメージを受けているときこそ、とくに役立つものだと思います。

というわけで最終章はコロナショックへの対応をテーマに、僕と今井誠さんとの対談にします。

あらためて、よろしくお願いします。

今井 よろしく（笑）。いま、よくアフターコロナについて語られているよね。

坂井 うん、コロナ騒動が明けた後の、新展開の時代ですね。

今井 アフターコロナを考えるのが大事というのは、もちろん分かるんだよ。変化が起きた後で考えていては間に合わないから。でも、そもそもアフターコロナを考えるって、わりと贅沢なことだと思うんだよ。

坂井 贅沢とは？

今井 アフターコロナを迎えるためには、そのときまで生きていなければならないよね。でも、そんなにあっさりコロナ騒動がおさまるとは思えない。おさまるまで生き延びるだけでも大変だから。

坂井　なるほど、疫病では死ななくても、経済的には死にうるというのが新型コロナウイルスの恐ろしいところですよね。米国なんて4月は失業者が2000万人を超して、失業率は第二次世界大戦やリーマンショックの比ではないほど高まっている。

今井　多くの事業者にとって、事業の継続そのものが難題なわけです。早々に廃業を決めた事業者も多くいるし。きれいに廃業するのって難しいし、大変なんだよ。経営者は、店やオフィスをたたんで、従業員になけなしのお金を払って、債権者や出資者に落とし前を付けて、とやらねばならない。すごくしんどい。そもそも事業が続けられなくて一番辛いのは経営者なんですけどね。

坂井　そういう決断って、ものすごく難しいと思うんですよ。将来のことを考えると、そう決断したほうがよいのかもしれない。しかし廃業の痛みは、いま現在の自分が引き受けることになる。いま現在の自分のほうが、不確かな存在である将来の自分よりも大切だ、というのが人間の自然な心理なわけです。

今井　行動経済学でいう**現在バイアス**だね。そういう心理が「損切り」を妨げる。

坂井　ああそう、こういうときに行動経済学は役立つと思うんだよ。何に役立つかというと、自分を客観視するのに役立つ。

お金がなくなるって、2つ恐ろしいことがあります。

1つ目は、ものが買えなくなる。これはまあ当たり前。

2つ目は、冷静な意思決定がしにくくなる。お金がなくなると、「どうしよう！　困った！」といった感情や混乱が脳のキャパシティーを大きく奪い、冷静な判断をする余裕がなくなってしまう。近年の行動科学では確立した事実です。[21]

今井　恐ろしいね。ただでさえ人間は**サンクコスト（埋没費用）**にとらわれるわけだよね。「これまで頑張ってきたのだから、ここでやめるのはもったいない」「これまで投資してきたのだから、ここで引き揚げるわけにはいかない」といったような。

でも、これまでの頑張りや投資は、すでに払い終えたコストというか、変えられない過去のこと。そして未来のための意思決定をするのは、いまです。変えられない過去は、もはやいま操作できる変数ではない。「もったいない」とか「引き揚げるわけにはいかない」といった感情は、気持ちとしては分かるけれど、意思決定の最適化をゆがめてしまう。

坂井　いま止めれば小さな傷で済むことが、ずるずる続けることで将来の大きな傷になる。

もともと人間は、損するのが嫌いな生き物です。同じ金額でも、失うときの痛みのほうが、もらうときの喜びよりも大きい。**損失回避傾向**があるわけですね。そう考えると、いま痛みを引き受けようと重い決断をするのは、とても難しいことですね。

難しいというか、自然な感情ではできない。わざわざ理性やら知性やらをはたらかせないとできない。

今井　損失をできるだけ少なくするって、とても大切なことだけど、作業としては楽しくないんだよ。負け試合の処理みたいなものだから。これが少しでも利益を増やそうだったら楽しいんだけどね。

坂井　オークションって、そこに貢献できるのではないですかね。市況が悪いなかで不動産を手放すとき、できるだけ高く売るために。

今井　そうだね、これは誤解を避けるため丁寧に言わねばならないんだけど、「悪い市況にしては、高く売れる」ですね。不動産に限らず大抵の商品は、市況が悪いときのオークションよりは、市況が良いときに普通に売ったときのほうが、多分高くなると思います。**市況とは自然環境のようなもので、我われにどうこうできる操作変数ではありません。**

坂井　なんと営業色のないトーク（笑）。

今井　いや、オークションをすると、バブル期みたいに高く売れると期待される売主さんはいるんだよ。ちゃんと出来ないことは出来ないと言っておかないと、商売としては後々で大変になるし、学問的にも誠実ではないでしょう。

坂井　うん、そうだけど、これではどちらが学者か分からないというか、僕の喋ることがない（笑）。

今井　ごめんね（笑）。オークションは魔法の杖ではないよね。いまの市況のなかで、一番高い値段を付けられる人に売るための仕組み。これだけで十分、すごいことだよ。

坂井　そうですね、そこはオークションが社会に貢献できることですね。

あと、オークションは不動産もだけど、金融商品の売買にはとても向いています。いまの市況で分からなくなった適切な価格を、オークションで見付ける。

そうやって、色んなものの「相場」の価格みたいなものができてくる。そうすると、売買がしやすくなって、金融商品の流動性が高まる。流動性はそれ自体が高い価値をもっていて、市場が活性化する。

今井　リーマンショックのときを思い出すよね。金融不安が強くて、適切な価格が分からなくて、売買が滞った。そうすると市場が沈んでしまう。

坂井　コロナショックでも似たことが起こると思うんですよ。コロナショックは金融不安というのではないけれど、経済の不確実性が高まって、証券の価値の不確実性が増しているから。ショックの規模も大きいし。

今井　そういう「コロナショックの後始末」みたいなことに、丁寧に学知を使っていきたいよね。損切りとか、ダメージを減らすとか、本当に大切なんだよ。自分はリーマンショックの始末のときに、つくづくそれを痛感した。もっと知識があったらと。

坂井　もっと明るい話をする予定だったんだけど、シビアというか、すごく現実的な話になりました。「よい後始末」の方法が、もっと脚光を浴びたらよいですね。

今井　いや、これね、明るい話なんだよ。きちんと経済学の知見を活かして、「よい後始末」をしたら、立ち直りはしやすくなるはずだから。そのためにどうするのが最上かを考えようということだね。

21　Mani, A., Mullainathan, S., Shafir, E., and Zhao, J. "Poverty Impedes Cognitive Function" *Science*, Vol. 341, Issue 6149.

読書案内

ここでは学問的な難度を☆で表す。☆が多いほど、読むのに専門的な知識を要する。坂井の主観による、あくまで大まかな目安である。

第1〜5章で扱ったオークション理論やマッチング理論については、新書では

●坂井豊貴『マーケットデザイン』（ちくま新書）☆

が詳しく、入手もしやすい。大学レベルの教科書としては

●坂井豊貴『マーケットデザイン入門』（ミネルヴァ書房）☆☆

をすすめたい。

オークション理論の大学レベルの教科書としては

●横尾真『オークション理論の基礎』（東京電機大学出版局）☆☆

が読みやすい。より専門的な内容については

●ポール・ミルグロム『オークション理論とデザイン』川又邦雄・奥野正寛・計盛英一郎・馬場弓子 訳（東洋経済新報社）☆☆☆

が詳しい。ミルグロムの本はそう読みやすいわけではないが、さすがにパイオニアが書いただけあって、学ぶことが多い。

経済学による制度デザイン一般の読み物としては、こちらもパイオニアの著者による

●アルビン・ロス『Who Gets What（フー・ゲッツ・ホワット）』櫻井祐子 訳（日本経済新聞出版社）☆

が優れている。

第6〜7章で扱ったマジョリティ・ジャッジメントは

●Balinski, M. and Laraki, R. *Majority Judgement*, MIT Press ☆☆

が詳しいが、やや専門家向けである。この本の和訳はない。クオドラティック投票については、これを推すワイルによる共著書

●エリック・ポズナー、グレン・ワイル『ラディカル・マーケット』安田洋祐 監訳、遠藤真美 訳（東洋経済新報社）☆

が論じている。ただしこの本はクオドラティック投票についての専門的な説明はない。とはいえ読み物としては面白く、オークション理論やマッチング理論にも触れている。

投票方式の設計問題は

●坂井豊貴『多数決を疑う』（岩波新書）☆
●坂井豊貴『「決め方」の経済学』（ダイヤモンド社）☆
が詳しい。このうち後者はマジョリティ・ジャッジメントも少しだが触れている。

おわりに　坂井豊貴&今井誠

坂井　オークション・ラボ、まさか書籍になっちゃいました。

今井　よく育ってくれたね。でもこういうのは時代のニーズには合っていると思っていた。

坂井　うん、最初からそう言っていたよね。どちらかというと僕のほうが「学問にニーズなんてあるのかなあ」と自信がない（笑）。で、この運営を通じてつくづく思ったんですが、今井くんは本当に経営者だね。いつも「いまの時代に何をすべきか」みたいなこと考えているもんね。

今井　いまのことをいま考えていたら間に合わないから。未来のことをいま考えてないと、やっていけない。時代には良い悪いがあるからね。我われは就職氷河期世代の人間だから、とくにそれは感じてるんだよね。景気は、絶えず良い時と悪い時がある。

坂井　好況のときから「不況の時、どう対応するか」ばっかり話していたものね。とくにリーマンショックの話が多い（笑）。いっつも不況時のことを考えている。

今井　景気が悪い時代にものをうまく売るって、大変だからね。不動産だと、損切りしないといけないこともある。だからこそ、売主さんに対して最大限できることをやって納得してもらうことが大事なんだよ。「売り方の研究を精一杯学んでいるから、いまの時代で一番高く売る手法はこれだ」と納得してもらうことができると信じてる。ロジックはとても大切なんだと思ってるよ。

坂井　なるほどね、だからいつも色んな勉強をしているのか。オークション理論とか行動経済学とか、めちゃくちゃ詳しいよね。そもそもオークション・ラボなんて、なんでやろうと思ったの。

今井　僕は知見を広めることは、純粋によいことだと思っている。自分の価値観として「知らないから使えない」は一番不幸だと思ってるよ。

坂井　存在すら知らないから使うことができない、というようなこと？

今井　そうそう。オークション理論だって、そういうものがあると知っていて、それを使ったら、物事がうまくいく。リーマンショックの時の自分が、いまと同じくらいの知識をもっていたら、もっと色んなことが上手にできていたと思うんだよ。
　だからオークション・ラボのような知識の交流の場は好きだし、この本でいくつかの知見が世の中に広まったらよいなと。

坂井　そんなオークション・ラボですが、いまはコロナ禍を受けて、オンラインだけで開催したり、リアルとオンラインを併用したりしています。開催の仕方はちょっと流動的だけど。

今井　うん、基本姿勢としては、色んな人とリアルでの交流を大切にしたいと思っています。でもオンラインでイベントをする知見が溜まってきているのは良いよね。

坂井　おお、なんと前向きな（笑）。リーマンショックに加えて、コロナショックで益々鍛えられている。

今井　望んで鍛えられているわけではないんだけどね（苦笑）

というわけでオークション・ラボはいまも元気よく開催しています。詳しくは会場であるサロンスペースPLACE171のホームページ

https://place171.com/

をご覧ください。皆さんと一緒に、景気回復に貢献したいと思っています！

謝辞　本書の作成においては、日経ＢＰ日本経済新聞出版本部の細谷和彦氏に編集の労をとっていただきました。毎月のオークション・ラボの実施においては、とくに（株）デューデリ＆ディールの藤由紀子氏にご尽力いただいています。同社の代表取締役である山本高広氏からは、当ラボの実施について支援と励ましをいただいています。株式会社ＡＬＩＳの安昌浩氏、水澤貴氏、石井壮太氏、株式会社エスクロー・エージェント・ジャパンの成宮正一郎氏は、オークション・ラボに登壇し、本書への登場をご快諾くださいました。そしてオークション・ラボが継続できているのは、参加者やゲストの方々のおかげです。そこでの交流は、我われにとってかけがえのない財産です。この場を借りまして、皆さまに厚く御礼を申し上げます。

２０２０年７月10日

坂井　豊貴
今井　誠

坂井豊貴（さかい・とよたか）　慶應義塾大学経済学部教授、（株）デューデリ＆ディール・チーフエコノミスト、Economics Design Inc. 取締役。ロチェスター大学経済学博士課程修了（Ph.D.）。東京経済研究センター業務総括理事、朝日新聞書評委員などを併任。著書に『多数決を疑う』（岩波新書、高校教科書に掲載）、『マーケットデザイン』（ちくま新書）など。著書はアジアで多く翻訳されている。国際業績はHP（https://toyotakasakai.jimdofree.com/）。

オークション・ラボ（Auction Lab）（株）デューデリ＆ディール取締役の今井誠が主宰する「経済学×ビジネス」の月例ワークショップ。オークションやマッチング等、経済学の知見をビジネスに活用する事例を紹介したり、そのための学知を解説したりしている。また、ここでの議論をもとに経済学をビジネスに採り入れる事例が多く生まれている。会場は有楽町駅から徒歩1分のサロンスペース「PLACE171」。参加の案内はHP（https://place171.com/）。

メカニズムデザインで勝つ

ミクロ経済学のビジネス活用

2020年　8月7日　1版1刷

著　者　坂井　豊貴
オークション・ラボ

発行者　白石 賢

発　行　日経BP
日本経済新聞出版本部

発　売　日経BPマーケティング
〒105-8308 東京都港区虎ノ門4-3-12

装　幀　山之口　正和（OKIKATA）

DTP　朝日メディアインターナショナル

印刷・製本　シナノ印刷

本書籍に関するお問い合わせ、ご連絡は下記にて承ります。
https://nkbp.jp/booksQA

Printed in Japan　ISBN978-4-532-35860-0